生涯規劃

張添洲　編著

五南圖書出版公司 印行

序　言

　　依據104年通過之「技術及職業教育法」第24條規定，106學年度以後修習師資培育課程之學生均需修習〈職業教育與訓練〉及〈生涯規劃〉兩門課程。期能協助每個人自我認識，整合個人的人格特質、外在環境以及對於未來的適應能力，學會生涯規劃的技巧。完善的生涯規劃對人生的「未來發展」會有正向積極的影響；能正確的認識生涯規劃的理念，將有助於個人對生涯發展的規劃與實行，以積極進取的態度，使人生過得更加的充實。

　　生涯規劃過程中，難免有成功與挫折，有快樂與悲傷，每個人都有自我調適的能力，承認自我的實力，評估自我的實力，並應學會坦然面對挫折與失敗。不必靠命運、家世、神明、風水，但看自己的雙手，加上實踐的毅力，人的一生將具有很大的可塑性，以發展並創造幸福、美滿的生涯。

　　本書分生涯與生涯發展、自我認知與實現、工作與職業、生涯規劃與SWOT分析、生涯抉擇與管理、職涯規劃與發展等六章。適用於修習師資培育課程、大專院校教育、輔導、管理等科系學生選讀，企業界的教育與訓練應用，及個人的進修學習用。期能在情緒發展、職業、生活與生涯發展的歷程中，有所學習、領悟、啓示、與精進，以激發對人生的自我肯定、分享工作體驗、增進職業升遷與生涯發展，而達成下述目標：

　　──幫助了解自我，使潛能在職業與生涯發展的歷程中，獲得最有效的發揮與運用。建立積極進取、努力不懈的工作態度，以豐富生活內涵，提升個人的生活素質。

　　──激發每個人的自我潛能，以成長自我、肯定自我、實現自我，增進每個人的情緒智商與生涯發展。

　　──認識工作機會點，了解職業的優劣情勢，有效因應職業與組織的

變革，透過個人學習、進修、成長，追求個人的工作成就、職業興趣，以豐富職業生涯。

目　錄

第一章　生涯與生涯發展

生涯（Career），是個人一生連續發展的歷程。在此歷程中，隨著年齡的增長，學習的增加，經驗的累積，不同的年齡階段會有不同的生涯重點。生活的目的是可以調整的，人生發展的優先順序是可以規劃的，只要改變是有意義的，就應用心著手規劃與費心實踐。

自我是獨立的個體，不必跟隨著他人及世俗的需求前進，要配合個人的人格特質、需求，那才是生涯發展真正的意義！生命是一種挑戰，生涯的發展更是一種磨練。生命不在乎長短，生涯不侷限於功成名就，在乎自我成長、自我肯定、自我充實、自我實現的意義。

第一節　生涯

生涯的意義，因時代、個人見解的不同，各有不同的意義與譯名，如生計、職業、志業、事業、職業前程等；早期提出的內涵與範圍大都以職業為核心，以如何選擇職業、準備及安置就業後的適應與發展為重點。

生涯是生活裡各種事件的方向，它統合了每個人一生中，各種學習、工作、職業和生活的角色，是一個人一生中所扮演的角色統合。因此，生涯規劃要依據個人心目中的發展目標，以形成一系列工作選擇，及相關的教育或訓練活動，是有計畫的職業發展歷程。

一、生涯

在社會急遽變遷、職業性質與產業結構不斷的變化、生活方式與型態趨向複雜、多元的情況下，則更注重與工作有關的個人情緒、人格特質、工作環境等因素的配合。生涯，指每個人終其一生，伴隨著與學習、工作

或職業有關的經驗與活動；生涯，涵蓋個人一生教育、學習、職業、社會與人際關係的總稱，即個人終身發展的歷程。生涯，包括了個人所有學習、就業前、就業中及退休後所擁有的各種職務、職位與角色的總和。

每個人的一生，幾乎無時無刻都在發展與管理，1942年舒伯（Super）首先提出生涯發展的觀點，十年後，金斯柏格（Giinzberg）正式提出發展論，生涯發展的理論因而大為盛行。舒伯認為生涯發展是一種連續不斷、循序漸進，且有固定型態，並可以預測的動態過程。同時，生涯發展亦是一種妥協的過程，而自我的觀念與價值觀在生涯發展過程中極為重要；依據金斯柏格看法，個人的生涯發展是一系列相關的發展過程，價值觀、現實環境、心理因素、教育機會及學習成就等均會影響個人生涯發展的過程。

(一)生涯涵義

生涯，綜合了每個人一生的計畫與抉擇，如何學習、生活、工作的一連串發展歷程；過程充滿了喜悅、進步、突破與成長，卻也涵蓋有艱辛、悲傷、無奈、挫折、失敗等去蕪存菁的生活體驗與生命歷程。

生涯，可以說是每個人一生接受教育、工作、生活的總和，利用生活上的經驗尋找其人生發展方向，走最適合自己的路。所以，生涯最重要的工作就是充實自我的知識。簡言之，生涯是指個人終身學習與所從事工作或職業有關的過程，屬於整體人生的發展，包括生命、志向、抱負等；人生容易有夢，要使夢想成真，則要面對現實環境嚴苛的考驗與挑戰，能有面對失敗的勇氣與毅力，特別是年輕人。生涯的涵義，有下述綜合意涵（張添洲，2005）：

1. 生涯的發展，是綜合一生中連續不斷的過程。
2. 生涯包括了個人在家庭、學校、社會與工作有關的活動經驗。
3. 各項生活的經驗，塑造了個人獨特的生活方式與發展方向。
4. 生涯發展具有終身性、總和性、工作性的特質。

5. 生涯的意義要比個人的工作或職業更爲廣泛，是指個人終其一生所從事工作與休閒活動的整體生活型態。

6. 生涯係個人一生職業、社會與人際關係的總和，亦即個人終身的發展歷程。

(二)生涯重點

生命是值得珍惜與規劃的，尤其是年輕的生命。每個生命都是健康的個體，要能感受生活上的喜悅，同時對社會有所貢獻。生活中的歡喜，來自於心底深處眞正的喜悅。每一個生命個體的外表，雖然相類似，但是內在的心理，卻潛伏著不相同的特質和抱負。

生涯發展與個人一生的發展有密切的關係，它並不侷限於對職業方面的探討，而是涉及整個人生一連串的發展歷程。就個人而言，學習的進步、知識與技能的獲得、良好人際關係的建立、自我成長與自我實現的追求等均是生涯發展的內涵；從學校來看，學校與教師提供學習的機會、教材、協助學生進行生涯發展與指導、發展多重生涯路徑，以及建立正確的職業價值觀念等，均是生涯發展的重要課題。

舒伯指出：生涯，係指一個人終身經歷所有職位的整體歷程；生涯，是生活中各種事件的演進方向和歷程，是統合人一生中的各種職業和生活角色，由此表現出個人獨特的自我分展組型；生涯也是人類自青春期以致退休後，一連串有酬或無酬職位的綜合，甚至包含了副業、家庭和公民的角色（Super, 1976）。

生涯，涵蓋了以下三個重點（金樹人，1989）：

1. 生涯的發展是一生當中連續不斷的過程。

2. 生涯包括個人在家庭、學校和社會與工作有關活動的經驗。

3. 各種經驗塑造了個人獨特的生活方式。

(三)生涯啟示

生涯強調個人之人格特質與社會環境間的調適、融合，生涯發展的啟示如下（張添洲，2007）：

1. 生涯發展是終身性的歷程：生涯規劃與選擇，受到社會、文化、環境中眾多因素的影響，青少年生涯發展規劃，必須符合個人一生的需求而加以設計。

2. 適應生涯轉變：青少年生涯發展任務，含括要求個人因應生命的每個階段的轉變。幫助個人因應生涯轉變是促進個人發展時的主要概念。

3. 追求生涯成熟：生涯成熟（career maturity）是透過順利完成在一連續系列的生命階段之內的發展任務而達成的。此一連續體中的參考點，為生涯輔導方案的發展，提供有關的資訊。

4. 個人的獨特性：每個人都應是獨一無二的：包含家庭、社區、教育、社會、文化等背景、經驗、資源等。在此脈絡中，價值、興趣、能力與行為傾向，對生涯發展是重要的。

5. 自我概念關鍵性：自我概念非靜態的現象，為動態的歷程，並可能隨人們和情境的變化而逐漸或突然地的改變。正確的自我概念能增進生涯發展的正確性，提升生涯的成熟。

6. 生涯選擇與決定的穩定性：主要取決於個人對個性、偏好、能力、價值導向等人格特質的強度與控制。符合個人導向的學習、教育、工作、生活環境，提供促使個人生涯滿意的管道。發現人格特質與生涯環境間的符合性，是生涯發展的主要目標之一。

7. 終身學習重要性：生涯發展強調學習經驗的重要性，及其對生涯選擇的影響。生涯發展含括終身系列的選擇，藉由教導做決定與問題解決的技能，可協助個人做最適當的選擇。

8. 民主自由的概念：提供了生涯發展在教育、社會、政治、經濟、文化等環境中探索其可能的選項，關注所有發展的層面。

二、青少年發展

(一)青少年發展特徵

　　高中職學生正處於由成長期的最後階段（能力期）邁入探索期，透過學校各種休閒活動及實習、實驗、工讀等工作經驗中，進行自我嘗試、角色試探及職業探索，且考慮個人興趣、能力、價值觀與機會做暫時性的選擇。

　　以發展心理學的觀點而言，高中職階段學生正處於青少年時期，在成長的過程中，有許多的知識有待充實，許多的理想與願望有待實現。然而，在所處的社會環境中，亦有許多外在誘因會影響一個人的成長與發展。所要努力學習的就是反省過去自己所學到的知識與經驗，哪些是需要不斷去追求與充實，哪些是應該予以修正或調整。高中職學生的發展特徵如下（劉安彥、陳英豪，1997；張添洲，2007）：

　　　1. 心智漸趨成熟，追求自我的獨立。

　　　2. 理想與現實之間的衝突，尋求自我的調適。

　　　3. 好奇加上叛逆，培養試探。

　　　4. 逐漸確立經濟基礎。

　　　5. 追求並實現對社會負責的行為。

　　　6. 發展表現公民能力所須的概念與心智選擇。

(二)青少年學生發展任務

　　高中職階段學生具體的發展任務如下（張添洲，2005）：

　　　1. 了解自我、認識自我的需要及興趣。

　　　2. 發現並且發展自我的才能與潛能。

　　　3. 找到可以學習的職業角色楷模。

　　　4. 從測驗或是諮商過程中獲取相關資訊。

　　　5. 取得相關職業與工作世界的訊息。

6. 發現並且發展自我的價值系統。

7. 做好有關當前與未來教育的決定。

8. 謀求在學校的良好表現。

9. 透過相關的活動,發展務實的自我映像。

10. 從學習與工讀中探測自我的職業性向。

(三)終身發展

現今科技發展一日千里,依據學者的相關研究,每隔五至七年,各種專業知識可能成長一倍;另外,由於人類壽命不斷的延長,也促使成年期不斷地成長,使得教育年限也不斷地向下、向後延伸。

每個人都應該要體認「活到老、學到老」的涵義,在學習的過程中,如同搭乘交通工具一樣,有公車、火車、捷運、飛機等各式各樣的選擇,可以搭直達車,也可以中途下車、轉車,甚至以區間車的方式,分階段完成學習的目標。因此在生涯規劃上要建立「生涯能力,終身學習」的觀念與習慣,以個人的本身條件,作適度的安排,以達成自己的目標與願望。

第二節　生涯發展

生涯發展(career development)概念,係指個體在某個特定階段所完成任務若是能夠有所成就,即可獲得愉快與舒暢,並且有利於下一個階段的發展。生涯發展階段在於說明各個發展階段特殊行為和基於此類特殊行為的期望。

多元社會,個人的發展充滿機會與挑戰。在開放的社會中,意謂著傳統的限制與優待不復存在,個人有發展自我價值、追求自我實現的自由,

也直接承受前所未有的競爭與挑戰。此種挑戰，一方面係來自國內競爭者的追逐，另一方面則來自國外其他競爭者的壓力。

一、生涯發展內涵

生涯發展是每個人從幼到老、綜合一生的歷程，亦即人的一生從幼到老，每個生活階段各有不同的發展需求與任務，且均在不斷的追求新知中。工作或是職業，則為整個生涯發展的重心。

(一)生涯發展涵義

生涯發展是指一生中連續不斷的歷程，以發展個人對自我及生涯的認同，並且增進生涯的規劃與生涯成熟度，屬於終身的行為過程與影響，導引出個人的工作價值、職業選擇、生涯型態、角色整合、教育水準和相關現象等；生涯發展是透過社會、教育，以及諮商輔導的努力，協助個人建立實際的自我觀念，且熟悉以工作為導向的社會價值觀，並且將其鎔鑄於個人價值體系中，藉由生涯選擇、生涯規劃，以及生涯目標的追求加以實現，期使個人能有成功美滿並且有利於社會的生涯發展（張添洲，2005）。

在發展的過程中，個人培養其對生涯的認同，並且促進其計畫與生涯的成熟，而此終身的行為歷程和影響，引導出個人的工作價值、職業選擇、生涯類型、角色整合、自我和對生涯的認同，教育水準及相關的現象。因此，生涯發展可以說是一項有計畫的策略，其主要目的在於獲得經驗的成長與滿足。

舒伯認為生涯發展是一種連續不斷、循序漸進，且有固定型態，並可以預測的動態過程。同時，生涯發展亦是一種妥協的過程，而自我的觀念與價值觀在生涯發展過程中極為重要；依據金斯柏格的看法，個人的生涯發展是一系列相關的發展過程，價值觀、現實環境、心理因素、教育機會

及學習成就等都會影響到個人生涯發展的過程。

　　生命是值得珍惜與規劃的，尤其是年輕的生命。每個生命都是健康的個體，要能感受生活上的喜悅，同時對社會有所貢獻。生活中的歡喜，來自於心底深處真正的喜悅。西哲辛尼嘉說過：「生命若是一篇素的小說，並不在於長，而在於好。」每一個生命個體的外表，雖然相類似，但是內在的心理，卻潛伏著不相同的特質和抱負。

(二)生涯發展概念

　　生涯發展，係在透過個人、家庭、學校、社會等教育及輔導的努力，協助個人建立符合自我之人格特質與自我觀念，且熟悉以工作為導向的社會價值觀，並將其鎔鑄於個人價值體系內，並藉由生涯認知、探索、規劃及生涯目標的追求等過程加以實現，俾使個人能有適性、美滿並有利於組織與社會的生涯發展。

　　生涯發展階段的概念如下（張添洲，2005）：

1. 生涯發展是個人從出生以至退休、死亡的連續性生命階段歷程。
2. 生涯發展是個人追求自我了解、自我認知、自我肯定，以至於自我實現的發展歷程。
3. 生涯發展包括人生中有關家庭、生活、學校教育、社會角色、工作經驗、職業進展等的活動與經驗。
4. 生涯發展可以透過計畫性、系統性、多元性的程序規劃。
5. 生涯發展是不分種族、性別、地域、年齡、人格特質等。
6. 生涯發展在追求個人滿意、自主的學習、工作、生活等，非刻意的與他人比較。

　　由上述可知，生涯發展，在時間上是指個體從出生到死亡的人生歷程；在空間上是指個體與其周遭各種環境的互動作用；在心理上是指個體在心智與人格上的調適、成熟、與變化；在社會上是指個體的社會角色與責任義務的轉換。

(三)生涯發展特性

　　生涯發展與個人一生的發展有密切的關係,它並不侷限於對工作、職業方面的探討,而是涉及整個人生一連串的發展歷程。高職學生生涯發展的意義,就個人而言,學生學習的進步、知識與技能的獲得、良好人際關係的建立、自我成長與自我實現的追求等均是學生生涯發展的內涵。生涯發展具有下述特性(張添洲,2005):

1. 個別性:以適應每個人個別差異的需求。生涯發展過程中所得到的經驗會表現出獨特的生活方式、態度、價值觀。個人也會隨著年齡的增長而逐漸形成獨特的職業價值觀。

2. 發展性:以肯定自我的學習與發展能力,將潛能給予有效激發。生涯發展係一種連續不斷的過程,個人在此過程中不斷的與外在環境、外界事務交互作用,並且具有協助及影響個體成長的誘因。

3. 綜合性:生涯發展包括個人在家庭、學校、社會中與工作有關的各種學習或活動經驗,涵蓋人、事、物,及外在訊息的衝擊等。

4. 終身性:生涯的中生性,是從懂事直到死亡的過程。

5. 適應性:配合環境需求以適應現代社會的需要。

6. 具體性:是認識自我、掌握現在、策劃未來的工作。

7. 可評性:生涯發展要能隨時評鑑,檢討改進。

　　每個人的一生,幾乎無時無刻都在發展與作選擇,1942年舒伯首先提出生涯發展的觀點,十年後,金斯柏格正式提出發展論,生涯發展的理論因而大為盛行。

(四)生涯發展構面

1. 在時間上:是指個體從出生到死亡的人生歷程。

2. 在空間上:是指個體與其周遭各種環境的互動作用。

3. 在心理上:是指個體在心智與人格上的調適、成熟與變化。

4. 在社會上:是指個體的社會角色與責任義務的轉換。

(五)生涯發展任務

每個生涯發展階段各有其任務，從教育階段說明生涯發展任務如下（張添洲，2005；Super, 1985）：

1. 學齡前小孩：須增加自我處理能力，認同於父母，增加自我指導的能力。
2. 國小學童：須培養與他人合作的能力，選擇適合其能力的活動並學習承擔行為的責任，擔任家中的雜務。
3. 中學生：繼續發展能力和才幹，選擇學校、課程或工作，培養獨立能力。
4. 青年人：選擇進入大學或工作，選擇適合的工作和發展工作的技能。
5. 成年人：穩定職業、為未來的安適作準備、發現適當的改進之道。
6. 老年人：逐漸隱退、尋找適當的活動打發時間，並盡可能的力求自足。

二、舒伯生涯發展

1953年，舒伯綜合各家學說，提出以發展自我概念為中心的生涯理論，主要依據發展心理學與社會學，對各種職業行為的分析，所涵蓋的層面甚廣，時間擴展至終身。

(一) 舒伯生涯發展主張

舒伯於1953年提出生涯發展的十個基本主張，而後又發展出十二個，最後經修正成下述十四項基本主張（Super, 1991）：

1. 人們各有不同的能力、人格、需求、價值、興趣和個性等。
2. 人們都有適合從事某種職業的人格特質。

3. 每個職業均要求特別的能力與人格特質的組型，但卻有相當的彈性；可容許一個人從事不同的職業，也許可不同的人從事相同的一種職業。

4. 個人的能力、職業的偏好、工作的環境及對自我的概念，會隨著時間與經驗的改變而調整。

5. 生涯改變過程分成：成長、試探、建立、維持、衰退五個階段；階段轉換期中，可能會因為需求的改變、疾病痛苦或其他重要事件等，又產生一個小的循環。

6. 個人的生涯發展模式與職業型態，和父母的社會經濟水準、個人智力、教育水準、技能、人格特質、生涯成熟及環境所允許的機會有密切的關係。

7. 個體在各個生涯發展階段是否成功，依賴於個體的生涯成熟度。

8. 生涯成熟是種假設性的建構，其操作性定義不易，不僅屬於單一的特質。

9. 生涯發展的階段是可以被指導的，例如經由加強個體的能力、興趣及自我概念的發展，以達成各個階段的生涯發展。

10. 生涯發展過程，基本上是有關職業自我概念的發展與實現，也是一種調和的過程。

11. 生涯發展是個體與環境間、自我概念與現實之間的一種調和過程，也是各種角色扮演的過程。

12. 工作上和生活上的滿足依據下述兩種情形而決定：

    (1)個人是否得到滿足自己能力、興趣和價值的工作。

    (2)個人能否發揮其心智體能的特質，達成其社會角色的極致。

13. 工作的滿意程度與個人自我觀念的實現程度成正比。

14. 對多數人而言，工作與職業是人格組織的核心。有些人則以休閒活動或家務為中心。

(二)生涯發展階段層面

舒伯生涯發展階段含有三個層面（Super, 1985）：

1. 時間（time）層面：每個人的年齡或生命歷程，可分為成長、試探、建立、維持、衰退等五個發展階段。

2. 廣域或範圍（breadth or scope）層面：係指一個人終身所扮演的各種不同角色，如孩童、學生、公民、休閒者、父母、工作者等不同的角色。

3. 深度（depth）層面：係指一個人在扮演某項角色時所投入的程度。角色的消長除了與年齡及社會期望有關外，與個人所投入的時間及情緒等有密切關聯。每個階段均有所謂的顯著角色（role salience）。例如：15-20歲顯著角色為學生，扮演學習的角色，30歲主要為家長角色。

(三) 舒伯生涯發展階段

從整個生涯發展的歷程來看，舒伯將每個人的生涯發展歷程分為五個階段，在發展過程中，每個階段的發展是基於先前階段的發展基礎上面，通常是繼續而不可逆轉的，是一種有秩序、有組織的發展，而且每當個人面對新的職業發展任務時是在現有的行為上，經由交互的、妥協的、綜合的動力過程，以增益或是擴充其職業行為（林幸台，1987；Super, 1957）。

1. 成長階段（growth stage）：個人在青少年時期前，因為身心的成長及參與社會的經驗日漸增多，而逐漸發展自我概念，同時藉由各種活動所帶來的現實經驗而發展個人的能力、興趣、價值等。此時期任務在發展自我形象，發展對工作世界的正確態度，並了解工作的意義。

成長階段從出生至14歲，此時自我觀念已經在家庭及學校生活中確立發展。此階段，發生需要及幻想，興趣及能力也隨著社會的

期望和真實的生活體驗更形重要。包括了：

期別	年齡範圍	生涯主題
(1) 幻想期	約4-10歲	以個人的生理需求滿足為考慮因素，想像中的角色扮演是重要的。
(2) 興趣期	約11-12歲	以個人的喜好及興趣為決定因素。
(3) 能力期	約13-14歲	以個人的能力發展為考慮因素，並顧慮到工作的條件，其中相關的教育與訓練受到重視。

2. 試探階段（exploratory stage）：主要為在學校、休閒及各種學習、工作經驗中，不斷進行自我檢討、角色試探、對職業的探索，及自我應驗。藉以找尋生涯目標與發展方向。

青少年期的學生逐漸由學校的活動、社團、休閒活動或打工經驗中，對自我的角色及能力進行探索，因此進行職業選擇時，較有彈性。約從15至24歲，正值青少年階段。發展任務在將職業喜好逐漸具體化、特殊化，進而決定職業。包括下述階段期：

期別	年齡範圍	生涯主題
(1) 暫定期（試探期）	約15-17歲	有關需求、興趣、能力、價值與機會不會被考量，並做試探性的決定，在幻想、討論、課業及工作中加以嘗試及辨識可能合適的工作領域與水準，從事工作或是職業上暫時的決定和試探，以便將職業偏好具體化。
(2) 轉變期（過渡期）	約18-21歲	參與就業市場及訓練計畫時，會重視現實的考量，且企圖從事自我觀念，並將一般性的選擇轉換為特定的選擇；職業偏好特殊化為此時期的任務。
(3) 嘗試期（初步承諾期）	約22-24歲	開始就業和嘗試、體驗工作，並嘗試將其成為可能的長期職業，若是覺得不合適或許會再經歷上述各個時期以訂定發展方向；實踐職業偏好為此時期的任務。

3. 建立階段（establishment stage）：由於已經發現適合於自己的職業領域，因此，人們會專心致力於此領域。而且經由試探階段的試探，已經逐漸在自我的職業生涯中確立屬於自我的位置，開始建立事業基礎及穩固生涯定位，並且努力保有此職位。發展重點為尋獲適當的職業，逐步建立起穩固的地位與職位，此期的任務在於統整、穩固並力求上進。

建立階段是工作知能與智慧成熟，事業逐漸有成的時候，對年輕的一輩肩負有承先啟後的教育與訓練責任。主要任務在於統整及追求進步，包括：

期別	年齡範圍	生涯主題
(1) 試驗期（承諾穩固期）	約25-30歲	從事適當的工作並力求穩定，可能會因尚未找到終身的工作或由於工作上的變動而感到不滿意，並做必要的轉變、調動。
(2) 固定期（進展期）	約31-44歲	在致力於維持工作生涯的安定。對部分人而言，是屬於創造的階段，其能力有所改善並且表現優良。

4. 維持階段（maintenance stage）：中年以後在既有的方向上努力維持其成果，以持續保有其地位與成就，約從45至64歲，主要在致力於職業生涯的順利發展。持續已經建立工作型態而較少有創新，且必須面對年輕工作者的競爭壓力。

5. 衰退階段（decline stage）：意指身心狀況逐漸衰退，原有工作暫停或改變，因而發展新的職業角色，由工作的選擇參與者演變成工作的觀察者，尋求不同的工作、休閒方式以滿足需求。雖然已經退休，但可能仍有多餘的時間與精力發展新的角色。從65歲退休起，包括：

期別	年齡範圍	生涯主題
(1) 衰退期	約65-70歲	改變工作及生活型態以配合逐漸衰退的體能。
(2) 退休期	70歲以上	面對退休事實過隱退生活，在家頤養天年，含飴弄孫。

　　試探與建立階段，不但占據了人生的大部分光華，也是正值年輕力壯，富有創造力的黃金階段，面對一生中最重要的生涯路，唯有時時透過學習與適當的啓發，生涯發展才會更順暢。五個階段如表1所示，依照年齡劃分的生涯發展階段如下：

❀表1　生涯發展階段表

階段＼年齡期	發展階段				
	成長期	試探期	建立期	維持期	衰退期
青年期（14-25歲）	發展實際自我概念	學習更多工作機會	進入選擇領域	驗證所做職業選擇	嗜好的收斂
成年前期（25-45歲）	學習人際關係	找機會做喜歡的工作	安於永久職位	確保工作的安定	減少運動
中年期（45-65歲）	學習自我的受限	試探新的技能	發展新的技能	從競爭中力求穩固	集中於主要活動
成年晚期（65歲以後）	發展非職業性角色	發展非工作性角色	從事所嚮往的工作	維持有興趣的嗜好	減少工作時數

　　以上五個發展階段，橫跨了每一個人的一生，稱爲大週期（maxicycle），各個階段內另有小週期（minicycle），亦即同樣的再一次經過成長、試探、建立、維持、衰退類似於大週期的循環。在各個階段之間各有轉型期，各個轉型期的年齡劃分其彈性很大。

三、生涯發展階段

(一)艾瑞克森心理社會發展階段

　　根據艾瑞克森（Erikson, 1963）心理社會發展的理論，將人生分為八個階段，每個階段的生活，都可能形成個人的心理危機。如表2，在生涯發展過程中，每個階段都是個關鍵期，而第五階段青年期，則是關鍵中的關鍵（張春興，1991）。按照艾氏的說法，青年人會從：我現在想要什麼？我有何身體特徵？父母的期望？以往的成敗經驗如何？現在有何問題？希望將來如何？等六個層面思考有關自我的問題（金樹人，1989）。

❀表2　艾瑞克森心理社會發展階段表

階段（年齡）	社會心理危機	結果	重要的人際關係焦點
1. 出生-1歲	信任對不信任	希望	母親或其替代者如保母
2. 1-2歲	自動自發對害羞懷疑	意志力	父母雙親
3. 3-5歲	積極對犯罪感	目的	家庭
4. 6歲至青春期	勤勉對自卑	能力	鄰居、學校
5. 青年期	自我認同或角色混淆	忠實	同儕團體和圈外人，領導
6. 成年期前期	親密對孤獨	愛	友誼、性、競爭、合作等
7. 成年期中期	創造對停滯	關懷	家庭和工作夥伴
8. 成年期後期	圓滿對絕望	智慧	人類、氣味相投者

資料來源：黃天中（1991），生涯與生活。

　　從上表中，可以知道每個人的一生有許多的任務要完成，各種任務或需求就形成壓力來源。因此，在尚未跨入某個階段前，就應先做好心理準備，學習新的生活技巧，以幫助自我在未來能將危機轉變為轉機，使自己擁有更健康的人生。

(二)哈勒職業生涯發展階段

　　哈勒（Hall, 1976）將職業生涯分為下述三個主要階段，其任務如下（羅文基等，1992）：

1. 早期職業生涯（early-career）：培養行動技能、專門能力、創造與創新等能力。

2. 中期職業生涯（mid-career）：培養訓練和教導他人的能力、培養對工作和組織的寬廣視野、更新訓練和技術的整合、轉換需要新技術的工作等。

3. 後期職業生涯（late-career）：從實際掌權者逐漸轉變為提供智慧、指導和擔任諮詢、顧問的角色；開始參與組織外的部分時間活動，重新建立自我並且準備退休。

(三)雪恩職業生涯發展階段

　　雪恩（Schein, 1978）將個人進入某項職業後的職業生涯發展分為四個階段：

1. 進入階段（entry stage）：此階段的重點為選擇合適的職業，規劃未來的生涯理想，並且學習與工作相關的工作態度和價值觀等。

2. 社會化階段（socialization stage）：此階段的重點在於學習工作環境中的各種制度，包括制式的與非正式的。

3. 中年職業階段（midcareer stage）：此階段的重點為回顧自我過去的發展情況，確定自我的生涯定向，後期則開始為退休生活做準備。

4. 晚年生涯階段（late-career stage）：此期為退出勞動市場，安排相關休閒活動、參與義務工作等。

　　四個主要階段再細分如下九個階段，提供詳細各種職業生涯發展的需求，其任務及可能面對的問題，如下：

1. 成長、幻想、試探階段（0-25歲間）。

2. 進入工作世界階段（16-25歲間）：選擇適合的職業，想像可以實現的理想，並且學習所需要的工作態度與價值觀等。

3. 基礎訓練階段（16-25歲間）：接受各種基礎訓練。

4. 早期職業生涯階段（16-25歲間）：學習工作環境中所存在的各種正式及非正式的工作規範、禮儀與態度等。

5. 中期職業生涯階段（25歲以上）：回顧過去的發展，決定自我的生涯重心。

6. 中期職業生涯危機階段（35-45歲間）：面臨職業轉折，需要進行調適。

7. 領導者與非領導者的後期職業生涯階段（40歲至退休間）。

8. 衰退和離職階段（40歲至退休間）。

9. 退休階段（退休後）：放棄原有工作職務，安排其他角色的活動。

(四)金茲博格生涯發展理論

金茲博格（Ginzerber）生涯發展理論認爲職業選擇是一系列相關的發展階段，價值觀、現實環境、教育機會及成就動機等均會影響個人的職業選擇過程。因爲成長是持續不斷的過程，隨時都要做不同的調適與選擇。

金茲博格與哥倫比亞大學同事Ginsburg、Axelrad、Herma等，於1951年提出職業選擇理論，探討在職業選擇過程中，個體本身、他人與環境等方面的可能影響，主要概念如下：

1. 職業發展是種過程：會隨時間而有所改變，大約每十年爲一個階段期。

2. 職業選擇具有不可倒逆性（irreversible）：因爲現實環境中可能壓力將形成障礙。例如想要轉業，將承受相當的情緒焦慮，感受到或許失敗的壓力負擔。

3. 職業選擇具有調和性（compromise）：在職業選擇過程中，盡可

能選擇符合自我職業能力、價值及目標的職業生涯，必須考量生活與工作的滿意，並了解環境中可能的機會與限制。因此，在職業選擇時必須將各種可能的情況進行適當的調和，方能使生涯發展更順利。

生涯發展的劃分如下（楊朝祥，1991；張添洲，2005）：

1. 幻想期：出生至11歲，此時，小孩子相信他能做想做的事，需要和衝動是進行選擇時的要素。

2. 試驗期：約11至19歲，正是青少年時期，開始嘗試去認識、察覺工作世界，進行職業的試探。細分為：

階段	年齡範圍	生涯主題
(1)興趣	約11-12歲	開始覺察並培養自我對某些職業的興趣。
(2)能力	約13-14歲	以個人的能力為核心，培養自我所感興趣的能力。
(3)價值	約15-16歲	開始了解職業的價值，並且考慮社會及個人的需要。
(4)過渡	約17-18歲	開始統整與職業選擇有關資料，正確了解未來職業方向。

3. 現實期：約19歲後，選擇在此時期被決定，職業需求與教育機會以及個人因素獲得妥協，此時期又可分為試探、具體化、專門化等階段。

(五)李文生男性生涯發展

李文生（Levinson, 1978）以實證性的研究，觀察男性成人期發展與年齡的關係，將個人一生的發展階段分為四個時期（era），為兒童和青少年、成年前期、中年期、晚年期。每個時期各有著重要的發展任務，以建立或維持各種可能的生活形式，而構成生活結構。在每個時間之間並有轉折期存在。轉折期顯示原有生活模式的結束，並開始建構新的生活模式。

各期的發展與轉折情形如下（林幸台，1987；羅文基等，1992）：

期別	年齡範圍	生涯主題
1. 成年前期	約17-22歲	個人在踏入成人世界之際，面臨個人與家庭之間，及個人自我形象的發展等方面的經歷、困境與掙扎。
2. 進入成人世界	約22-28歲	對成人角色、責任與人際關係等方面的探索和暫時性的承諾，開始建立初期的生活結構，並對未來的人生理想有更清晰的認識。此階段的經歷促使個人建立自我，成為獨特的個體。
3. 30歲轉折期	約28-33歲	常會對初期的生活結構有所檢討或反省，試圖建立新的生活結構，並重新考慮是否需要調整生活的步調。
4. 穩定期	約33-40歲	一旦初期生活結構修正完成，個人通常就有向下扎根，追求成就的傾向。此時期個人能發展自我形象，擁有統整的生活目標與生活結構。
5. 中年前期轉折	約40-45歲	由青年邁向中年的主要轉折時期，開始對自我的生活目標與方向再評估。常會發現早期的希望很難達成，開始對工作、婚姻、信仰與價值觀等重新檢討與修正，使自己與現實社會之間能獲得較好的平衡。因此，重新做生活選擇。
6. 中年期	約45-50歲	在統整上一時期的生活目標與生活結構，更能肯定自我的人生發展方向，以個人的內在需求引導自我的人生方向，追求自我的實現。
7. 50歲轉折期	約50-55歲	面對生理狀況逐漸變化，工作職務的負荷、新進人員的挑戰等，若是再加家庭中角色的轉變，將出現所謂的中年危機。因此，需要再度給予評估與檢討修正。
8. 中年高峰期	約55-60歲	如同穩定期般，為晚年來臨而統整生活的目標與生活結構。有人因為上一時期轉折處理完善，生活更加滿意，心智繼續成長，有創造力。在工作上可能是資深或重要的高級人員，在家庭中獲得家人更多的支持，是人生中最有成就的階段之一。 此時期主要為晚年的來臨而統整其自我結構。

（續上表）

9. 晚年轉折期	約 60-65 歲	適應生理狀況逐漸衰退的事實，規劃退休後的生活事宜。
10. 晚年期	約 65 歲以上	除為以往的生活作整理外，一方面為退休後的生活進行統整，另一方面開始實踐前期所規劃的退休生活。

(六)雪莉婦女生涯發展

雪莉（Sales）提出婦女發展的八個階段，以因應婦女生活角色的多樣化，其特徵如下（蘇秀玉，1988）：

期別	年齡範圍	生涯主題
1.早期成年	約 18-21 歲	多數人陸續離開家庭，準備扮演成人的角色，是從依賴家庭轉為條例生活的變遷時期，也是探索時期，依照個人的能力、興趣、性向等，選擇工作或是繼續到學校進修。 此期女性對工作角色的選擇較沒有壓力，主要任務是選擇配偶而非工作，對自我生活目標欠缺明確認知。
2. 選擇生活角色期	約 22-24 歲	從家庭處獲得獨立，準備為自我未來負責，開始安排自我的成人角色及選擇婚姻伴侶等。已婚的女性可以免去早期對未來生活的不穩定感；具職業目標女性則努力於建立其專業地位；未婚女性則受到來自家庭方面的催促；女性事業家在此時期對自我及傳統角色間的扮演，產生較多的質疑。
3. 角色完成期	約 25-29 歲	多數女性所做決定對後期的生活有深遠的影響。有人選擇生育兒女，扮演家庭主婦角色；有人則延緩生育或致力於事業的發展；職業女性常會面臨妻子、母親與工作者等多重角色的壓力；沒有生育兒女的女性，則有來自於家庭、親朋好友等儘快生育的關切；未婚女性則經歷職業上的專業。因此，女性對婚姻、生育、工作的選擇，而衍生出不同的生涯發展目標。

（續上表）

4. 再適應期	約30-34歲	是女性生命週期的轉換點，在兒女陸續進入學校後，常會造成婦女認同的危機。若是對婚姻的滿意度低，會轉而尋求其他的替代資源。例如：外出工作、接受繼續教育與訓練、參與志工服務等。
5. 肯定自我期	約35-43歲	多數女性嘗試建構一個更為穩定的生活型態，並積極投入新的角色適應，以對往後的發展有所幫助。
6. 中年危機期	約44-47歲	女性危機是更年期與空巢期所產生的心理不穩定。例如：過去以照顧、教養兒女為生活重心，一旦此種角色終止時，心理上會有調適困難現象；但是仍有部分女性可以本著積極、樂觀的態度面對中年危機。
7. 圓熟期	約48-60歲	多數女性都已完成生育與撫養責任，能自由的發展自我導向活動；對於以事業發展為重心的女性，此時對事業不僅能勝任且深具信心，並可能尋求新領域的發展；有兒女的職業女性，對多重角色的扮演，會有所滿足。
8. 老年期	約61歲以上	核心角色為寡居或退休，有些女性在寡居或退休後，影響社交地位與身心健康，使得晚年生活孤寂；有些女性的生活調適則不錯，含飴弄孫頤養天年，生活得多彩多姿。

　　根據文獻資料發現，女性的生涯選擇型態並沒有固定的模式，因為現代女性的壽命延長、教育機會大增、晚婚、子女數較少、職業與單身婦女增多、經濟獨立、有較多的時間停留在工作崗位上等。因此，無論是傳統的或雙生涯婚姻、全職或非全職婦女、單親家庭、單身女性、注重家庭生活或重視自我生涯的追求等，女性對於工作及生活型態，都有自由選擇權。

(七)松本順生涯發展階段

　　日本的松本順與岩崎隆治認為就現代人而言，30歲是人生極為重要的

關鍵時刻，大部分的人在30歲之前是屬於「摸索」的年代，30至40歲間，則是「累積」的年代，40歲以後才真正是「發達」的年代，將人類的生涯發展以自我為經，以年齡為緯，劃分以下四個階段（羅文基等，1992）：

期別	年齡範圍	生涯主題
1. 自我發現期	約30歲前	離開學校進入工作世界前，須不斷的學習與探索，了解自我想做什麼？能做什麼？進入工作世界後，仍要確立是真正想做的工作嗎？此項工作對自我生命的意義何在？以便從工作中摸索適合自己的生活模式與結構。
2. 自我培養時期	約30-40歲	30歲後在工作上或人際關係方面，都被要求需要具有獨立的人格，難免會嘗試錯誤，但可以從經驗的累積中，積極的培養自我，同時決定終身的生涯發展方向。
3. 自我實踐時期	約40-50歲	40歲後，可以積極的衝刺以追求工作上或事業上的成就，使其逐漸達到高峰。同時，也要從社會中尋求獨立，逐漸確立起自我的社會生活。
4. 自我完成時期	約50歲後	不論是事業或是社會關係都已經相當穩固，除了繼續謀求工作或事業的持續發展外，將有更多的時間追求完全屬於自我的生活。

✿圖1　人生旅途圖

資料來源：羅文基等（1992），頁12。

(八)生涯發展階段摘要

綜合以上各家的論點，歸納其重點如下：

1. 各個發展階段皆有關聯性與重疊性，前面一個階段發展的成敗攸關下個階段的發展進行，是一種連續性的效應，後一階段則有評估、反省、調適的作用。

2. 生涯發展階段大都以年齡爲劃分的重點，每個階段各有不同的心理需求與發展任務，如20歲以前爲探索、學習的時期，30歲之前，追求自我的獨立。

3. 生涯的發展並非直線進行方向，雖然都以年齡爲劃分的重點，但是其中仍有許多的週期、循環、轉折，具有統整的作用。

依照年齡劃分的生涯發展階段如表3：

❀表3　依照年齡劃分的生涯發展階段表

年齡（歲）	Super	Schein	Miller & Form
5	成長期	成長期、幻想期	準備期
10	成長期	試探期	工作前期
15	試探期		
20		進入工作世界和訓練	開始工作階段
25	建立期		
30	／	職業生涯前期	工作嘗試期
35	建立期	職業生涯期	
40	維持期	中年危機	
45	／		穩定工作期
50	／	晚期生涯：衰退和退休	
55	維持期		
60	維持期		
65	退休期	退休期	退休期

資料來源：Feldam (1987).

四、生涯發展理論

(一)生涯發展共同理論

上述各種理論的重點，有的是以全程的觀點劃分，有的則注重成人時期的角色扮演，且各種年齡的劃分點不同，但是仍有共同之處（羅文基，1994）：

1. 各階段皆有獨特與必須要完成的發展任務。
2. 強調各個階段相互之間的連貫性，前一階段為後一階段的準備或先決條件，後一階段則含有回顧、檢討前一階段的作用存在。
3. 生涯發展並非是直線進行的，各個階段之間仍有許多的循環、轉折，同時具有統整的作用。
4. 生涯發展是完成自我觀念的過程，主要發展和完成自我的觀念，包括個人的興趣、價值和能力的整體配合。
5. 是一種持續變化而逐漸發展的過程：人生從幼年到老年，隨著生理與心理的成熟、經驗能力和自我觀念的成長，連帶的促使個人對工作情況和職業選擇，不斷的適應和發展。
6. 是一種配合的過程，生涯發展隨時配合個人、社會、環境的影響力，一方面發展個人的特長，另一方面則配合社會需求的趨勢。
7. 是一種增加選擇機會的過程，各種職業都有特殊的條件需求，需要各種不同能力和個性的人，一個人可能適合多種不同的職業，個人在職業上的發展，就是探求工作世界上更多合適的機會。
8. 成人階段的生涯發展環繞於工作選擇、職業變動、升遷與生活之間，此深受家庭生活、教育背景、社會變遷等的影響。

(二)生涯發展基本觀點

歸納生涯發展的基本觀點，如下所述（楊朝祥，1991）：

1. 生涯發展是自我概念的過程：發展的過程主要為發展和完成自我

概念，包括個人的能力、興趣、價值的整體配合，並藉由生涯選擇、生涯規劃，以及生涯目標的追尋，使個體能有成功美滿的生涯。

2. 生涯發展是一個持續演變而逐漸發展的過程：從幼年到老年，隨著生理的成熟、經驗能力和自我概念的成長，連帶使個人對工作情況不斷的適應和發展。

3. 生涯發展是一種妥協與調和的過程：生涯發展的進行需要一方面顧及個人的能力、興趣、價值與需求，另一方面需要配合社會環境影響，使個人能夠發揮特長與潛能，同時配合社會的發展趨勢，以達到人盡其才及適才適所的需求。

4. 生涯發展是一種增加選擇機會的過程：各種職業都有其特殊的條件，需要各種不同能力、個性、專長的人員，同時個人也有可能適合各種不同的職業。個人在職業上的發展也就是探求更多工作機會的發展。

第二章 自我認知與實現

　　自我的意義，來自生活中有計畫與有價值的安排。每個人都有人生階段中的探索期、成長期，重要的是對自我的認識與了解；對外在的工作世界實際的接觸，配合適切的人生發展目標與規劃，以開創屬於自我的自在、亮麗人生。

　　自我，是學習、生活、生涯中重要的議題，以樂觀、積極的自我為基礎和豐富有情的外在世界互動，潛能才能不斷滋長，生涯也才能擁有活水源頭。緬懷過去，記住感恩；面對未來，積極樂觀，將衝動化為行動，將是生涯中永遠不停止的動力。想要跳得高，先要蹲得穩與蹲得低。

第一節　自我認知

　　每個人都有自己的身世背景、學習歷程、成長條件、理想和抱負，充分自我了解，努力達成自己的目標，是自我認知的重點。

一、自我

　　自我認知，是生涯規劃和發展的基準點，透過師長、父母、長輩、同儕等的互動，各種心理測驗工具的輔助，或是尋求專家、自我分析，以充分了解自己性向與才能；並致力於讓更多的人認清個人的優點和才華，才能有所成就，實現夢想。

(一)自我概念

　　自我概念（self-concept），是對自我的看法，係指「個人對自己多方面知覺的總合，其中包括個人對自己性格、能力、興趣、專長、慾望等的

了解，個人與別人和環境的關係，個人對處理事務的經驗，以及對生活目標的認識與評價」。

舒伯（Super, 1957）在建構自我概念理論時，採現象論的觀點，將自我概念定義為：個人對自己的畫像，具有意義的覺知到自我。舒伯也強調自我概念是形成於某些角色、情境、地位、關係、功能的實現等社會現實環境中。舒伯首先提出職業自我概念（vocationalself concept）定義；所謂職業自我概念，是被認為與個人擇業、就業等職業行為有關的自我概念的聚合，而不論其是否已轉譯成一種職業偏好（vocational preference）。

自我概念，會因為成功的經驗與得到接納而壯大，也會因為失敗與拒絕而萎縮，會影響到個人的所有行為，包括學習、生涯等。

就舒伯的觀點，生涯是個人一生當中與時推移的位置轉換的總和，例如：從小學生、國中學生、高中職學生、大學校院、研究所等，各有不同的概念與任務發展。每個人在能力、興趣、人格特質上均有所差異。每個人在個性特質上各有所適、每個人均適合從事各種職業。每種工作或職業均要求特別的能力、興趣、人格特質，但是有很大的彈性可容許個人從事某些不同的職業，也容許某些不同的個人從事同樣的行業。

自我並非單一的概念，自我乃是自己認定及辨識自己的形象狀態。一個人的自我包含許多層面的組合。十九世紀末，心理分析學派佛洛依德（S. Freud）認為，構成人格的三個主要部分為本我（ido）：如同孩童般趨樂避苦、僅做原始歷程的思維；自我（ego）及超我（superego）：有如修道士般以良心、道德規則及理想中自我為標準的狀態。彼此之間的交互作用，顯現出人類在面對環境時的適應行為。佛洛依德將自我視為人格的一部分，一位自我結構功能健全，能夠充分協調本我、超我的人，將會是健康、適應良好，並且能夠表現出統合行為。

每個人都有其「自我」，自我的本身是相當難以掌握的。人們由小到大，很容易接受來自父母、師長等的教導，加上外在環境的薰陶等，使一個人慢慢的就會遺忘自我或有所迷失。

笛卡兒在「我思故我在」中，說出了自我存在的必然性，發現自我是不可否認的存在著，只有肯定自我，才能從自我的思維中，體驗出外物與自我的對立。

(二)自我探索

自我探索，主要在協助每個人了解並自我評估個人興趣、性向、能力、個人特質、價值觀，提出自我發展憧憬，形成正確生涯發展價值觀。每個人都可能有多種不同的自我內涵，如果能與興趣結合為一，將是最幸福的。或是在學習、工作中培養興趣，也會有事半功倍的效果（劉安彥、陳英豪，1997）。

　　1. 自我的應變能力。

　　2. 自我肯定的能力。

　　3. 自我的價值觀。

　　4. 自我的生活型態。

　　5. 自我作決定的方式。

　　6. 自我訂定目標、作計畫的能力。

在工作情境中，有人重視工作本身是否有成就感、有人視待遇高低為去留之標準、有人則以是否能和同事和睦相處為要件等，這些現象，都是因個人的工作價值觀之不同，所形成的結果。

(三)自我概念階段

自我概念，也是個人對自我所抱持一種整體的概念，他是一個怎樣的人，他能夠做些什麼樣的事等。個人自我概念的形成，大致上可以分成自我認定（se1f-identity）、自我評價（self-evaluation）和自我理想（self-ideal）三個階段（林邦傑，1986；陳沁怡，1997）：

　　1. 自我概念，包含在一個較廣大的概念系統中，為一個內在一致，有階層組織的概念之次級系統。

2. 自我概念，包括不同的實徵我，如身體我、精神我與社會我。

3. 自我概念，是一個隨經驗而改變的動力組織。依成長原則運作，尋求變化與展現同化日益增加的資料的一種傾向。

4. 自我概念，在經驗中發展，特別是與重要他人相互作用的經驗。

5. 維持自我概念的組織，對個人的發揮功能是重要的。當自我概念的組織受到威脅時，個人會經驗到焦慮，並試圖抵抗威脅。如果防衛失敗，壓力就會產生，最後終將導致自我解體。

(四)自我觀念階段

根據舒伯的看法，個體生涯成熟概念之產生並非與生俱來，而是經由自我概念逐漸轉化而來。因此，自我概念之發展過程與職業自我概念之形成有非常密切之關係。自我觀念的發展可分為下列三個階段（張春興，1991）：

1. 形成期（the formation process）：自嬰兒期開始，自我便開始形成概念與發展認同感，形成過程為：探索、分化、認同、角色扮演、現實考驗等步驟。

    (1)探索（exploration）：貫徹一生，從出生即開始探索自我。

    (2)分化（differentiation）：年齡增長使個人逐漸認識自我，及他人之間之差異，此種認識使個人在面對教育或職業選擇時，會考慮它與自我觀念之間的一致性，而選出與其自我概念較一致之教育或職業。

    (3)認同（identification）：對父母、親友、師長等的認同而逐漸發展出特定的模式。

    (4)角色扮演（role play）：在正式與非正式團體中，角色的扮演有助於職業與生涯的發展。例如：在家庭中，家人之看法影響個人對工作世界角色之評估，工作價值之看法等，同儕團體影響個人對職業之看法，直到職業固定以後，專業團體則影響個人

的職業行為標準與價位規範等。

(5)現實考驗（reality testing）：角色扮演、遊戲、學校課程、工讀經驗等皆為現實考驗之機會，這些考驗可導致個體強化或修正其自我概念。

2. 轉換期（translation）：在轉換期中，自我概念將經由下列的途徑轉換為職業自我概念：

   (1)個體觀察成人所從事之職業而引起興趣並向成人認同。

   (2)偶然或實際經驗到某種職業角色。

   (3)察覺到自己具有適合某種職業的特性，而學習符合該職業的角色期望。

   轉換係由累積而成，通常是由一部分的自我觀念合併轉換為職業自我觀念。每個人自我觀念不同，轉換的方式不一，因此職業的選擇就會因人而異。

3. 實踐期（implementation）：此時期個體將自我觀念轉變為一種較為現實具體的型式，包括獲得與職業有關的教育或訓練，或尋找此方面的就業機會。此時個體將自我觀念轉換成較為現實具體的形式，在轉換的過程中，若是未遭受挫折，可能有成就感，否則就不易發展積極的職業自我觀念。

(五)自我概念構面

自我概念為生涯規劃的基本要項，經由自我的認識，方能接納自己的優點與缺點；了解自己的性向及興趣；了解自己的價值觀與人格特質；了解自己的情緒且能有效掌控；進而培養悅納自己且樂觀進取的態度。

美國田納西州費池（Fitts, W. H., 1965）透過心理測驗編定方式，找出自我概念構面（林邦傑，1986）：

1. 心理我（personal self）：係指對個人價值與能力的評價。在日常生活中，人們會透過錯誤的嘗試與成功的經驗，逐漸對自我的能

力專長形成固定印象。心理我與生涯的發展具有密切的關係，在複雜的能力層面上，每個人都應該詳細找出自我各種能力的優缺點，才能適切的作出生涯決定。

2. 生理我（physical self）：為最基本的一種自我概念，係指一個人對自己身體、健康狀態、外貌、動作技能及性方面等的感受。對個人的適應能力及未來發展有極深遠的影響。如果能有正面積極、健康而適切的自我，將能坦然並充滿信心的尋求突破與發展。只有自己喜歡自己、肯定自己才是致勝的關鍵。

3. 道德倫理我（moral-ethical self）：係指一個人對自己的道德價值、宗教信仰及對於好人、壞人的看法與認定。以心理衛生的角度來看，擁有健康、適切道德我是很重要的。因為道德低落的人，常會陷入無法自拔的沮喪與憤怒中，引發罪惡感受。因此，成功的生涯發展就不太可能。

4. 家庭我（family self）：係指個人對自己的感受與作為家庭中一分子的價值感與勝任感。早期成長經驗對於個人以後的行為發展有很大的影響。具有良好家庭我的人，擁有較高的自信心及安全感，對於他人、環境也較會採取正面積極的因應，對前途充滿希望與信心。

5. 社會我（social self）：係指一個人在與他人交往中對自我的能力、價值的看法，對多數人而言，社會我乃是一種每天都會影響自己的一種概念。社會我影響到人際關係的發展，人際關係的發展結果也會影響到一個人的社會我，成了循環關係。

6. 理想我：即是確立目標的追求。理想我是可以調整的，可用各種不同的風貌表現出來。

7. 現實我：明白現實環境與條件，認清當前的客觀條件等。調整自我，更能找出真正的我。

(六)職業自我概念

舒伯曾提出自我概念包括初級自我概念及次級自我概念，隨著個體的成熟，職業自我概念的發展與自我概念循一樣方式發展，當兩者愈趨一致，個人就愈能在工作中獲得滿足；若是一個人的職業自我概念各個屬性不夠清晰，明確、或是缺乏結構性，則將影響其職業自我概念的具體化與實踐，也會影響個人的生涯選擇能力與生涯選擇的困難。

職業自我概念最後發展階段任務在於滿意、積極的自我展現，而其任務的完成與否，則必須到現實社會中檢驗，個人若無符應自我概念的滿意生涯，則人生便無可歸屬，自不可能投入於其所從事的職業工作中。

(七)自我內涵

🌸 自我內涵表

	認知層面	情意層面	行為層面
人與自己	了解個人擅長什麼、不擅長什麼	分析個人的情緒、動機、態度、興趣等	探索個人的習慣、行為、動作、表現等
人與社會	了解個人對親子關係、手足關係、同儕關係、社會關係的想法	體認自己與他人互動的關係與重要性	分析個人在與他人互動時的行為表現、以及這些表現是否適當
人與自然	了解人與自然和諧相處的重要性	感受人與環境互動所造成的影響	分析個人是如何與環境和諧相處、以及採用的方法是否適當

資料來源：新竹縣芎林國小 http://www.cles.hcc.edu.tw/91/23.htm

(八)自我規劃模式

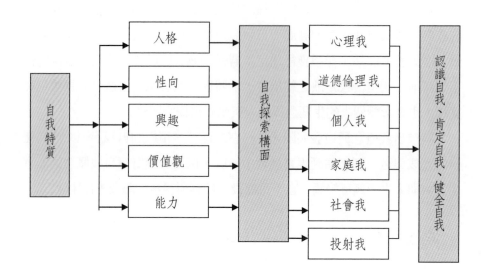

(九)自我健全

　　自我健全爲生涯價值觀的核心。人生的健全包括生理的健康、心理的平衡及社會的良好適應，會產生健康的問題，常是以上三者的互動所引發，也常是習慣的不當所引起。追求身心的健康，首重心理的平衡及社會的適應。能了解自我，進而健全自我，才能掌握自我的生涯發展。自我健全的前提爲（張春興，1991）：

1. 自我人格特質的了解：包括性向、興趣、智力、動機等，藉由客觀的評量工具，或經由他人的批評建言，建立自我明晰的概念，確立自我特質。

2. 避免以自我爲中心：凡事以自我爲考慮，以自我爲中心的人，難結交到好朋友，也難有朋友的幫助，要成功就不容易。

3. 避免自我設限：不要因於過去的學習、成長環境不好，或是目前所擁有的不如意，就自我設限，而自甘停滯於某個階段。應該一

步一步的循序漸進，努力往好的方向邁進，生涯路就會愈來愈開闊。

4. 減少自我膨脹：不能期盼一夕間就能有所成功或改變。成功者，都是按照自我良好的學習方式、工作態度而認真生活。

5. 適應環境的變遷：人和環境是互動的，人可以改變環境，環境也可以改變個人，只要盡心盡力經歷每個過程，心安理得，就是一種成長。

6. 激發潛能：聰明、才智並非判斷個人能力的唯一指標。個人的成就需要靠各種條件的配合，能從自我的長處著手，是最省時、省力、有效率的。

7. 減輕生活壓力：減低焦慮與緊張，容易緊張、焦慮的人，其潛能不易發揮出來，因而阻礙到生活的正常，產生不必要的困擾。

8. 不斷成長與發展：生命成長與發展的動力來自於不斷的進修以充實自我，唯有日新又新，才能與時俱進，有所突破與創新。

9. 為人處事知所進退：變遷中的多元化社會，形成很多不同的價值理念，得靠自我謹慎的去判斷與選擇。要多關懷他人，尊重他人。

了解自我的個性、特質、優缺點，而後接納自我、肯定自我、進而實現自我。不要因為身材、長相、體質的贏弱而感到自卑、苦惱，重要的是冷靜思考解決方法及補救之道。例如：經由有恆的運動和規律的生活作息以改變體質，再積極的發現自我，認清優缺點，培養自信心，創造健康的生涯。

二、人格特質

人格，為個體在對他人、對自我及一切環境中事物適應時所顯現有異於他人的性格。人格的發展深受生理遺傳與後天環境的交互影響。社會心

理學者認為一個人的行為是個人人格，例如：動機、需求和價值；與社會環境，例如：角色、壓力與期望等交互作用的結果。

能認清自己的人格特質，了解自己的價值觀，對於自我是個怎樣的人有深刻的體認，有助於生涯規劃。擁有健全人格的人，能接納他人、肯定他人，常能以德報怨，以愉悅的心情生活，相信人性本善，積極開創自我亮麗的人生。

人格的培養，是不斷改進、持續向上的過程。就個人而言，健全人格指的是忠於自我的價值體系，使自己不論在個人修養上或專業知識與技能上都能日新又新。

(一)人格特質認識

自我特質探索，是指個人經由學習、生活經驗，更了解自己的興趣、價值觀、需要及各種幫助成功事業發展之能力。自我人格特質的認識方式如下（張春興，1991）：

1. 自我評估法：係採自我觀察與自我反省的評估方式，反省及回顧過去的作為，從中剖析以認識自我，屬於主觀性的衡量。

2. 比較法：係採觀察別人的人格特性，並與自我做適當的比較方式，以澄清自我的人格特性，或是接受他人的批評。

3. 測驗法：應用現有的測驗與問卷以得知自我的人格特質，如興趣測驗、人格測驗及各種生涯發展量表等，協助自我作較客觀的了解及擴展自我探索的領域，並形成較實際的自我觀念，最為科學、客觀，涵蓋心理需求、職業興趣、職業能力測驗等，可透過學校輔導室、輔導與諮商機構、各地就業輔導中心等單位施測。

4. 建立正確職業觀念：擁有正確的職業觀念，才能較理性的面對未來的工作情境，才能在工作中為建立個人的價值而努力。

5. 個別生涯諮商：面對生涯決定時，可藉由個別生涯諮商協助自我澄清問題的情境、評量個人觀念、態度，以協助做階段性的生涯

決定，發展生涯決策能力，培養生涯決策的能力是個人重要的課題。可參與各公民營機關、團體的生涯小團體活動、生涯發展課程等。

6. 同儕團體：爲了增進對自我的了解，可以和志同道合的同學、親友，建立起親密的友伴關係，隨時切磋、互相學習。

(二)重要自我特質

自我不僅是一個人所扮演的各種角色的總和，成爲我們用以觀察並衡量他人的標準。重要自我特質如下（張春興，1991）：

1. 人格：爲個體在對人對己及一切環境中事物適應時所顯異於他人的性格。個人人格的發展深受生理遺傳與後天環境的交互影響。

2. 性向：是個人在不同向度上的潛能或是學習能力，象徵個人能力的特質條件或傾向。每個人有優點也有缺點，優點要儘量尋求機會去發揮，缺點則儘量設法改正。不能改正者，就要設法接納。

3. 興趣：是指個人所偏好的活動與事務，爲個人喜歡的事務，或對個人具有吸引力且喜歡做的事情。若能從事自己所喜歡的活動且樂意去做，將是愉快且成功的經驗。興趣是可以培養的。

4. 價值觀：價值係一種效標、理想、目標、常模和標準。價值爲人類依照喜好而行動的一種信念，或是個人、團體對各種選項給予決定或行動時的評判標準。

5. 能力：爲個人顯在之能力，包含潛能，是別人拿不走的。人的潛能遠大於顯能，要能突破情緒的困擾，激發潛能的釋放。

(三)良好人格特質

根據研究分析，良好人格特質如下：

1. 創造與自我實現知能。
2. 利他、助人主義。

3. 追求成就感。

4. 改善工作環境。

5. 樂於讚賞他人。

6. 良好工作形象。

7. 自我表達能力。

8. 獨立自主性。

9. 清楚組織制度與政策。

(四)興趣分析

興趣,是指個人喜歡、所偏好的活動與事務。亦即對個人具有吸引力且喜歡做的事情。若能從事自己喜歡的活動且樂意去做,將是愉快且成功的經驗。

興趣是可以培養的,會隨著外在環境的變遷或個人的成長而改變,在生涯發展過程中能擁有多項興趣,生涯將更多彩多姿。

每個人的天賦和興趣本來就各有差異,有的適合於學術研究工作,有的適合於技術發展工作,只要能負責盡職,發揮所長,不僅個人勝任愉快,發展順利,家庭與社會也會受益。社會的進步與發展需要靠彼此間的互助、合作,個人站在其工作崗位上,努力工作,發揮興趣專長,不僅能服務他人,亦能從工作中被尊重、擁有成就感、歸屬感;「行行出狀元」在今日工商社會更具有深長的意義。

找出興趣或培養興趣,並非容易的事,很多人隨波逐流,人云亦云,可經由向師長或長輩請益;或與三五好友促談,或傾聽他們對個人的建言;或是經由測驗與輔導、諮商的方式等,從這些旁敲側擊的管道中,可以試著找出更適合自己的興趣來。

個人如果能夠清晰的發掘自己的興趣,朝向某個目標和方向而努力,每日積極主動的權衡輕重緩急,並信守承諾,就能培養自知之明與自我價值。興趣分析,是增進自我了解的有效途徑與測量工具,學校輔導室或心

理輔導與測驗機構所提供的興趣分析，包括：職業興趣、個人興趣、性向測驗等。

(五)知己知彼

「人」最大的敵人往往就是自我，如果不想被自我打敗，最實際的作法就是拿出「過去種種譬如昨日死」的心態，給自己成功的信心。美好的果實，不可能由天上掉下來，或光說不練，不可能辦好事。

人們若是常在虛偽矯飾，屈從於浮誇與自負中，將易蒙蔽自己，受到環境和其他人的傷害與威脅，常為了保持虛假而掙扎。若能夠依循著有耕耘才有收穫的原則，接受自我，才能正確的認識自我。

怎樣看待自己，不但影響自我的行為與態度，也影響個人對他人的觀感。必須先喜歡自己，才能喜歡他人，若是不能了解自我，無法控制自己，就很難喜歡自己。

能真正的認識自我，自然會對自己產生信心，即使受到誘惑，仍能忠於自己；蘇格拉底說：「認識你自己」（Know thyself）。唯有透過真正、清楚的認識自己後，才能進一步學會接納自己，一方面肯定自我良善的特質，同時認清自我的缺點與短處，以求另外一種突破。

採用自我觀察與自我反省的評估方式，反省及回顧過去的作為，從中剖析以認識自我。屬於主觀性的衡量，也是較粗略的評估方式。每個人都有優缺點，優點要能善加利用；有缺點並不可恥，缺點不能改進，就會阻礙成功。所以隨時的反省自我是認識自我的起點。例如經由日記的檢討、反省，便是最簡便、有效、實際的自我評估。

應用現有的測驗與問卷以得知自我的人格特質，最為科學、客觀。測驗涵蓋心理需求、職業興趣、職業生涯規劃、職業能力測驗、職業價值觀等人格測驗及性向測驗。如青年性向測驗、職業自我探索量表等。可透過學校輔導室、輔導與諮商機構、各地就業輔導中心等單位施測。

(六)興趣培養

　　個人對於某種事物有興趣，則會提高對該項事物的注意程度，努力以赴以達成預定目的。興趣會隨著年齡、成就動機因素、工作條件與所處的環境等而有所改變。每個人都可以在工作中培養興趣，用心學習與工作一段時日後，逐漸對工作產生興趣。

　　有些人爲了表現時髦和成功的樣子，而患得患失，只有堅守本身的興趣與原則，才能做個誠實、負責的人，個人如果能夠清晰的發掘自己的興趣，或是積極於培養自我的興趣，就能培養有益於身心成長的多元興趣。

　　生命的本身就是不斷的成長，唯有日新又新發展自我興趣，才能與時俱進，有所突破與創新。培養有益於身心成長的興趣，諸如：閱讀、登山、健行、游泳、運動、語文進修、園藝等，都是生涯規劃中不可或缺的要項。

三、價值

　　價值（values），爲人類依照喜好而爲人處世的一種行動、信念，或是個人、團體對各種規範或行動時的評判標準；價值觀，意指一套評價標準，是指個人對於人、事、物的對錯、是非看法。每個人對於事物都有自己的見解與看法，形成個人的處事行爲準則。價值觀的形成，與個人的成長背景、學習經驗、社會環境等，有密切的關聯。

　　價值，不是自己愛現就會被別人看見，它通常只會因爲雙方良好的互動而存在。當價值成爲一種人生的標準配備，擁有愈多的價值，就比別人有更多的「競爭力」！

(一)價值意涵

　　價值是個人或一個團體獨特的有關可欲事物、明確的或隱含的理念。這種事物或理念，對個體所從事的、選擇性的行動手段與目標有所影響。

價值也是指個人在生活中被視為重要的社會文化事項，例如忠孝、仁愛、誠實、完善、財富、名位、負責等，都是價值的判斷。許多歷史傳記中所啟示的內涵，正是時代價值的反應。

(二)價值形成

價值形成的過程有可分為三個階段七個層次（黃正鵠、黃有志，2005）：

1. 選擇階段：具有層次性
   (1)自由的選擇。
   (2)從許多選項中進行選擇。
   (3)對每一個選項的結果都深思熟慮後才選擇。
2. 珍視階段
   (4)珍惜，並且是快樂的選擇，對於行為的體驗，具有快樂的感覺。
   (5)願意公開的肯定自己的選擇，不但自己能欣賞自我，且願意公開，甚至想影響他人的選擇。
3. 行動階段
   (6)以自己的選擇採取行動。
   (7)在自己某些生活模式中重複的行動，使變成經常性的行為規範。

以上三個階段，類同於國父所謂：主義是種思想（選擇），由思想產生信仰（珍視），由信仰而產生力量（行動）的過程。

(三)價值特徵

價值對於個人而言為一種生命意義的體現，價值是從生活中實踐出來的，是生活的指標，也是行為的取捨，價值的特徵如下（黃正鵠、黃有志，2005）：

1. 價值從生活來也回生活去：價值源於個人的生活經驗，透過個體
   生活歷程的檢驗，若能肯定對個體生活充實有所幫助，就當個人
   所珍視沿襲，在生活中重複表現出來。

2. 價值是生活的取向與意義：個體存在係追求一種意義，並非漂泊
   無依。價值賦予生活意義，成為個體生活的指南，生活才能落實
   生命的得以安頓。

3. 價值如尺度規約個體行為：價值也是一種生活規範，是個體行為
   的判準，規約個體的行為，個體行動方向才有歸趨，行為表現才
   能經濟有效。

4. 價值多從成敗中孕育發展：成功的經驗帶給個體積極的價值，挫
   敗的經驗可能帶來消極的價值。要從個人經驗中多加反省。即使
   在挫敗經驗中，也要能從中獲取積極的價值來。

5. 價值是一種賦予性的判斷：價值可說是一種「賦予的判斷」，不
   能全是「認知的判斷」。由於價值具有賦予性的判斷特質，使價
   值具備主觀性、特殊性、個別性，有別於認知性判斷具有的客觀
   性、普通性和一般性。

(四)價值澄清

　　自我價值澄清，是一個人所扮演的各種角色的總和，也是個人了解自
己扮演這些角色的一種概念，是個人覺知多方面自己的核心，也成為我們
用以觀察並衡量他人的標準。透過自我價值的澄清，人們會愈加的了解到
外在事實，方能在變動莫測的環境中，為自己找到最適合的發展模式。

　　舒伯將每個人一生中的發展任務，分為學前兒童、小學生、中學生、
青年、成年等五個階段。價值澄清的目標如下：

1. 了解自我、教育、職業機會的能力。

2. 改善基本的學習能力。

3. 了解工作、職業、企業的功能。

4. 增進職業資訊與職業選擇的能力。

5. 尋找、獲得維持工作的能力。

6. 培養良好的工作習慣。

7. 從事有效休閒活動之能力。

　　價值觀的形成，是學習而來，是從生命初期所累積有關自己和外在世界的資料；人是理性的，也是社會化的，可以主宰自我的命運，也具有自我導向的特質。因此，應該不斷的自我學習與自我探索，並充分利用創造性的自我，以發揮個人的存在價值，踏踏實實的生活，主動關懷生命與自我充實，方能在變遷劇烈、多元、社會中有所成長與成就。

四、價值觀

　　自我價值和一個人的成長、發展有極為密切的關聯。亦即，價值觀念和生涯是相輔相成、互為因果。在生涯發展的過程中，會隨時面臨環境的挑戰並且得隨時和他人發生互動關係，隨時會做價值的澄清。因此，抱持一個正向、肯定、積極、樂觀的價值觀，對生活適應與生涯發展具有關鍵性助益。

　　青少年常會表現出「只要我喜歡，有什麼不可以」之偏差價值觀，往往阻礙青少年自主、負責的成長。

(一)價值觀定義

　　價值觀是指個人有關事物對錯、是非的看法。每個人對於事物都有自己的見解與看法，即為人們處事行為的準則。價值觀（個人願意做什麼？）就是個人對事物「對、錯」的看法。一個清楚自己價值觀的人，對自己的生活目標和意義是肯定的，因為他知道他在追尋些什麼。

　　價值觀，強調生活的方式與生活的目標，牽涉到更廣泛，更長期的行為。價值觀的終點便是理想，例如：有人認為「人生以服務為目的」；

有人則以「追求眞理、正義」、「物質享受」爲目標；有人以「平安就是
福」爲理想。

(二)價值觀意涵

　　價值觀，係個人對事情的意義及其重要性，所做的一種自我判斷。如
何建立起正確的價值觀是培養生涯發展之基礎。工作價值觀，係指個人對
工作抱持的價值所形成一股內在的心理動力系統，反應在個人選擇職業態
度或工作行爲傾向。

　　價值觀，將深深影響著個人的生活態度，生活方式及對周遭人、事、
物的看法。價值觀的不同，產生不同學習理念、不同的生活方式、不同的
處事行爲等。不同的工作價值觀反映出個人對事業的企圖心，及不同生涯
哲學。了解自我角色的扮演，例如：學習是學生的基本角色扮演，就應專
心於各種知識與技能的全面學習。

　　每個人的生涯發展價值觀受到個人、家庭、學校、社會、環境等因素
的交互影響。良好的學校組織與完善的外在環境，可以協助學生追求更明
確及更高層次的生涯發展價值觀。此外，個人的意向、抱負水準，及對生
活事件的看法等因素，均會影響個人的生涯發展價值觀。

　　事情的是、非、善、惡，或者是決定的對、錯要靠自己慢慢去衡量、
分析與判斷；對問題的處理，不再是盲目、衝動或情緒化的。換句話說，
自己可以依照個人經驗與知識，建立自己價值標準，以符合自己的要求與
社會的客觀標準，此即爲個人的價值觀。

(三)生涯價值觀探索

　　生涯價值觀的探索是對自我生活形式、目標、生涯遠景的認識與了
解。能夠很充實、很快樂、很自在、很幸福的人，往往是活在自己價值觀
的人，這是一種活出自我的寫照。生涯價值觀的探索是一種自立的過程，
即自己去認識自己，認清自己與他人間生涯價值理念的不同。從生涯價值

觀的探索與確認，即可認清真正的自我，並且明確掌握想要追求的生涯目標（吳芝儀，2000）。生涯價值觀種類如下：

1. 經驗價值（experiential value）：來自於學習、生活遭遇。
2. 創造價值（creative value）：出自個人的獨創。
3. 態度價值（attitudinal value）：面臨困境時的反應。

(四)良好生涯觀

生涯價值觀可視為一種理想、目的、及可達到的目標，並能指引人類行為的形態，而這些價值能在生涯情境中實現，故價值不僅導引行為、判斷及態度，亦能因個體的需欲而把生涯價值的衡量，作先後次序的考量，間接影響生涯發展選擇決策。

社會急遽變遷，傳統價值體系快速解組，新價值觀與社會秩序正待建立，更需良好生涯價值觀的探索與澄清。

1. 努力可以使生活與工作內容富有變化，讓團體、社會更美好。
2. 努力工作可以增加世界的藝術氣氛與美感。
3. 能在工作生活中發明、創新、設計新產品。
4. 能在生活、工作中獨立思考、分析。
5. 能以自己的方式來生活、做事，不受限制，常有新的挑戰。
6. 能全力以赴地生活完成工作，並看到具體成果。
7. 生活、工作可以受到他人的尊重。
8. 工作能提供安定的生活保障，我能選擇自由的生活方式。
9. 能追求生活、工作環境舒適。

(五)職業價值觀

職業價值觀係個人對於職業生活的一種喜好或價值的判斷，例如：有興趣的工作、能成名的工作、受人尊敬的工作、有發展願景的工作、離住家近的工作、輕鬆愉快的工作、自我能力所及的工作、有保障的工作、有

挑戰性的工作、能為人服務對社會有貢獻的工作、有成功的發展條件等。

　　「職業無貴賤」、「勞動是神聖」只要是正當的職業，都有它的尊嚴與價值，因為社會上需要各行各業的配合；如果個人所重視的職業價值觀能在工作中獲得滿足，則能安於其職位，樂在工作。

　　面對經濟結構與就業結構的快速變遷，生涯發展應該建立一個正確的就業觀念，體認社會上「行行出狀元」的成功事例，進而訂定適合自我的發展目標，不斷充實自我，積極的努力，以開創個人光明的前途。

(六)工作價值觀

　　影響個體生涯發展選擇之工作價值取向的因素可歸為五類：

1. 遺傳因子：如種族、性別、智力等。
2. 特殊能力：如職業證照、特殊才能等。
3. 環境狀況與特殊事件：如教育、訓練、社會政策、技術發展、社會變遷、家庭等。
4. 學習經驗：包括工具制約學習和連結學習等。
5. 工作取向技能：即上述四類因素交互作用下的產物，包括解決問題的技術、習慣、心向、情緒反應等。

(七)生涯價值觀

　　價值觀的不同，產生不同生活方式、不同的處事行為、不同的生涯價值觀等。不同的生涯價值觀反映出個人對事業的企圖心，及不同生涯哲學，了解自我角色的扮演。

　　價值觀與生涯密切關聯，結合價值觀之生涯模式：

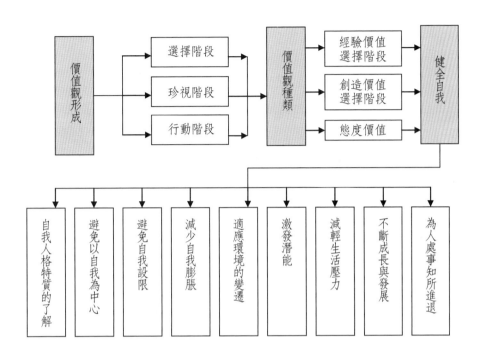

第二節　自我實現

一、自我發展

　　肯定自我並非自戀，肯定是有距離且帶有謹慎評估的方式，自戀則是完全深陷自我之中，失去了某些客觀的角度。唯有能肯定自我能力及目標，了解自我的定位及可能性，才能努力及調適。

　　個人能夠肯定自我進而掌握自我，便易於創造一切屬於自我的成就；若是失去了自我，迷失於環境中，發展將受到限制，而無法突破生涯困境。

(一)自我接納

坦誠、寬容是接納自我的起步。接納自我的缺點和不完美的一面後，認清自我並非最優秀，難免有缺點後，便能更坦然的面對挫折與接受失敗，也將更能欣賞別人的成就，因此變得更豁達。對自我的更了解，進而肯定自我的優點，就愈有勇氣去面對生涯發展中的挑戰與橫逆，以掌握自我的生命。

肯定自我的要件是需要有開朗的心胸及接納別人的雅量。一個閉塞不能肯定自我的人，始終生活在孤獨的世界裡；願意開放心胸、接納別人的人，才可以經由肯定自我，進而服務人群，造福社會。

肯定自我後重要的是堅持自我，並能自我期許。要有自我的個性，方能在「不隨俗」與「新鮮感」中求取平衡；能肯定自我，自尊自重的人，也才能尊重別人、敬愛別人；能夠真誠不再虛假做作；有踏實的責任感，不再膨脹自我；更有見識力，不再閉關自守；能接受批評，知道過去的缺失與錯誤所在；更有信心與毅力，面對未來的挑戰。

人要能先看重自己期許自我，別人才會同樣的看重您，在自我肯定後，不斷的自我期許，方能驗證「吃得苦中苦，方為人上人」的名言。「行者必至，為者常成」，做任何事情，能信心十足有所期許，就容易成功，小信則小成，大信則大成。一般人的智慧與能力都相差不遠，立志遠大的人，成就會較大，立志較小的人，成就不高，中間的關鍵全在個人的自我期許。

人生的發展，不只在於適應環境，更要創造環境，創造新的需要；人類偉大的地方在於人類的能力沒有限度，想發揮就有潛力，能自我期許，就會有希望。

(二)自我發展

生涯發展過程中，一定要先找到自己，認清自我生命的意義，盡力

開創不斷自我發展的人生，找出自我的長處，找到真正能發揮自我的工作崗位，學習成長，奉獻自己，同時也安頓自己。雖然要堅持自己的理想，但也必須認清現實，在現實所給予的機會中，選擇一條最適合自己的生涯路，努力向前開拓以發展自我，任何成就都是努力付出的結果，相信自我的意志，相信自我的決心（郭靜晃，1998）。

　　生涯發展真正的意義與價值，就在於自己。一個人最大的發展就是自我成長。亦即，生涯發展就在於追求「不斷自我開展的人生」。生命的意義必須能發掘潛能，並透過學習、歷練加以琢磨實現，以日新又新的精神不斷開展，方能在生涯的發展過程中，有所堅持，有所表現與成就。

　　自我實現是一個人生涯發展的最終目標，具有創造性和力爭上游的行動傾向，正是追求明天會更好的理念；想實現自我，首先要懷有一份理想、有目標、有方向，無論是青少年或是老年人都該如此。

(三)自我提升

　　生涯發展與奮鬥的過程難免艱辛、孤單，有挫折，但是若能抱持樂觀的態度，視危機為轉機，而堅持到底，必能有所成就與實現；俗話說：「水往低處流，人往高處爬。」除了自甘墮落者外，人沒有不想往上爬升的。

　　人所以想往上爬升，無非立足愈高，眼界便愈開闊，對於事物的理解也就愈清楚，對於人生的體驗則更深刻，而使自我的生涯更具有挑戰性。滿足現況便是落伍，每個人都必須時刻求進步、求發展，隨時保持奮發向上的精神，不使自我停頓下來，才能逐步的自我實現。

　　愈能自我實現的人，對自我的控制較強，對事情比較實際，個性比較穩定，冒險能力較高，意志也比較堅強。要想生活得自在，就必須不斷的自我充實，為個人打開心靈之窗，認清生命的有限性，跳出自己的小我，開拓出寬廣的生涯路。

(四)知足常樂

人要能理解，不能只顧著享用別人所送的魚，應該積極的尋找一把好的釣竿，同時學會釣魚的技巧，然後決定釣魚的方式、性質等。人生也是如此，生涯如何發展，大部分都是自我掌握、自我決定的。「與其臨淵羨魚，不如退而結網。」每個人將能發展出最得意的生涯路。

生涯的發展就是要在不如意的情況下，求取知足常樂，除了知足外，還要不斷的求取進步。要使生涯的發展有意義，首先要認識自我，確定自我在群體中所應扮演的角色，然後再以積極的態度充實自我，進而奉獻自我，肯定自我，發揮自我的潛能，肯定自我的價值，一步一步的朝向自我的生涯發展目標邁進。

經營之神松下幸之助在《路是無限的寬廣》書中提及：「人必須認識自己，了解自我的個性、志趣和能力，才不會對不適合自己的工作怦然心動，能澈底的忠實適合於自我的職業，不要迷惑於名譽和利益的誘惑，心中要有不動搖的信念，則不論從事哪一種行業，都會邁向成功的大道。」

(五)自我挑戰

人和環境是互動的過程，人可以改變環境，環境也可以改變個人，只要用心體驗每個過程，便能在努力的過程中盡心盡力，心安理得，就是一種成長。

印度諺語：「勝過別人並不算高貴，真正的高貴是勝過以前的自己。」從小到大，整個生涯成長歷程中，來自家庭、學校各方面的觀念，總會以立大志，做大事為目標；父母、師長、親友也不斷的督促我們要努力，要奮發向上，要出人頭地，有其正面的鼓勵意義，給自己一點壓力，向昨日的自我挑戰，才能培養勝利的根基。

藉由禪學、測驗、輔導等方式更了解自我、認識自我，學習在沮喪、挫折中掙脫束縛，生活得更悠遊自在，使生命更有意義，生活更為美滿，身心更為強健，生涯的發展更為順暢。

　　生涯的發展，是由認識自我開始，能夠認清自我，了解自己，並不斷的砥礪自我，充實自我，才能自我肯定，進而自我挑戰。唯有能接納自我，信守承諾，才能為他人所接納，進而發揮優點，自我挑戰，以邁向成功的起點。

(六)自我健康

　　人生的健全包括生理的健康、心理的平衡及社會的良好適應，追求身心的健康，首重心理的平衡及社會的適應。

　　多元與快速變動的時代，個人願意扮演什麼樣的角色，把自我定位在哪裡，都是自我應慎思抉擇的。能了解自我，進而健全自我，才能掌握自我的生涯發展。

　　了解自我的個性、特質、優缺點，而後接納自我、肯定自我，進而實現自我。經由有恆的運動和規律的生活作息以改變體質，而後再積極的發現自我，認清優缺點，培養自信心，對自我正確定位，為自己的生涯發展找到正確的方向，散發魅力，以創造亮麗、健康的生涯。

二、自我實現

　　自我實現（Self-actualization）是最能表現自我認知的特質，及達成個人所能達成的一切期望。因此，自我實現乃是個人運用最大的潛能參與自我實現，自我的發展及創造。自我實現，就是使自己更完備、更完善，能夠更充分的使用自己具有的能力和技能，能勝任各種工作或考驗，實現自我潛能，不斷激勵自我成長，及做高度自我創造，發展自己的個性，以成為獨特的自我。

(一)自我實現認識

　　承諾是對自我誠意與信心的一種考驗，也是自我實現的激勵。因此，

不要任意作出無法信守的承諾，要運用自知之明，對自我的承諾有所選擇。個人若是無法履行生涯承諾，其形象、自尊、榮譽都將受到威脅，讓自我的行為表現也受制。

如果自我的實現就是人生的目的，用哪些角度審視或是培養，才能獲得實踐與理解，自我實現應有的基礎認識如下：

1. 每個人天生即具有一種實質的內在自然（inner nature）。內在自然有生物性根基，因此就某種程度而言，是不可變更的。
2. 每個人的內在自然，有個體獨具的部分，也有部分則屬於人性的共同特徵。
3. 內在自然可用科學方法加以探究，並察覺其真相。
4. 內在自然本質是中性的或良性的。一再否認或壓抑，也將會立即或在將來出現微妙或明顯的心理疾病。
5. 個體若能順著內在自然成長，便會有一個愉快、充實、健康的人生發展。

(二)自我需求

每個人的生涯目標或生活行動方向為其內心心理需求的具體象徵。所選擇的工作及生活型態，能夠滿足內在心理需求，就會覺得生活的充實，生命有意義，黃惠惠教授依據「愛德華斯個人興趣量表」（Edwards Personal Preference Schedule, EPPS）的方法，指出自我的心理需求型態有（林邦傑，1986）：

1. 成就需求：成就需求高者會盡力完成每件事情，力求成功，擁有權威者。
2. 順從需求：順從需求高者易接受別人的建議及指示，從事別人期望的事。
3. 秩序需求：秩序需求高的人做事有計畫、有系統。
4. 表現需求：表現需求者喜歡表現自我，成為別人注意的焦點。

5. 自主需求：自主需求高的人喜歡自己做決定，避免做別人期望他順從的事。

6. 親和需求：親和需求高者喜歡參與群體活動，交新朋友，維持親密感。

7. 內省需求：內省需求高者喜歡分析、觀察自我及他人的動機、感情、理由。

8. 求助需求：求助需求高者希望自己有難時，能有他人的幫助、鼓勵、了解。

9. 支配需求：支配需求高者喜歡領導、影響他人，或安排計畫讓別人來做。

10. 自貶需求：自貶需求高的人對自己比較沒信心，當事情不妥時會指責自己、有罪惡感，常歸罪於自我，而覺得自己不如人。

11. 助人需求：助人需求高的人富有同情心，喜歡幫助有困難或是不幸的人，對待朋友慷慨、仁慈及同情。

12. 改變需求：改變需求高的人喜歡嘗試新奇而不同的事，體驗奇異的經驗。

13. 持續需求：持續需求高者做事認真，能夠持久，長時間工作不會分心，但會避免被打擾。

14. 異性需求：異性需求高的人喜歡與異性相處、出遊或參加社交活動，並喜歡討論性問題。

15. 攻擊需求：攻擊需求高的人會攻擊與自我意見不合者，公開的告訴他人自我的看法或是批評他人的看法。

上述心理需求的分類，每個人各有強弱不同的比例，有些部分較強，有的則較弱，強弱之間正代表個體所追求、重視的心理需求類型。若是個人在進行職業生涯計畫或是抉擇時，能夠配合自我的心理需求狀況，將是最理想的生涯發展。

(三)自我管理

自我管理是種技術，人類的行為是可以預知的，是可以加以改變的。透過自我管理的技巧，讓自我自由自在的成為自己。人可以學習有用的知識與技能，學會戒除無用的習慣，消除非理性的恐懼和抑制強迫性的觀念。達成自我管理的途徑如下：

1. 經由改變行為而達到自我管理：係藉由行為後果的自我獎賞或自我懲罰以達到自我管理的可能性。
2. 經由控制心思而達到自我管理：係藉由改變思考背後的信念以達成自我管理的可能性。

人類具有彈性，具有豐富潛能，也具有相當的可塑性。雖然生活環境不斷的在蛻變，對於自我的成長與管理都將造成衝擊，但是仍然要不斷的追求成長，追求自我的管理，讓自己自由自在的成為自己，以享受豐碩的生活經驗，實現社會稟賦的成長潛能。

(四)自我肯定

每個人都是不斷的從成長中學習與獲得肯定。自我肯定理念為（Robbins, 1991）：

1. 每個人都是在成長，在學習，只是時間的早與晚，內容的不同而已。
2. 每個人都會願意為自我而努力，而追求成長。
3. 每個人都有其獨特性，你是你，我是我。

能自我肯定者，能直接而清楚的表達自我的需求，擁有較寬廣的選擇空間，較能自重自尊、不傷害或批評他人，能直接而清楚的表達自我的需求，也能適切的尊重對方的權益與尊嚴。其特點如下：

1. 能夠堅持而自信的表達自己需求與看法。
2. 能夠委婉而有效的拒絕別人的要求。
3. 能夠堅持肯定自己的權利。

4. 能夠主動積極的關心自己。

(五)自我責任

自我責任即是個人與社會權利義務的關係，亦即：

1. 遵守在社會中應有的規範，遵守社會整體的規律與秩序。
2. 對於整體社會的安定與安全，加以充分的關切，提供貢獻。
3. 以個人直接行為或間接的影響力量，維護社會的優良規範與善良風俗。
4. 心理上的參與，指個人對於某項工作或事項，有積極的心理反應準備，有理想和正確的參與態度。
5. 工作上的參與：除了法定資格之外，更要求工作能力和工作條件的擁有，要努力培養或是訓練工作參與的能力與條件。

社會的快速變遷對知識與技能造成衝擊。因此，應擴大求知層面，改變求知態度，增進個人技能，不斷的進修學習，方能充實自我；另一方面，要能善用社會資源，主動的接觸社會。

(六)自我實現特質

自我實現不在於外界的看法，而在於個人內心的體認，感到自我的理想逐漸在實現，潛在的資質向人生的價值開展，追求盡善盡美、篤實光輝的境地，形成「價值感」、「目的感」與「進步感」，更接近人生的理想目標。

羅家倫先生說過：「整個人生的目的，就在追求自我實現，也就是在不排除他人、不侵犯他人的原則下，充分發展自我、充實自我，以求達到盡善盡美、篤實光輝的境地。」

人類最高層次的需求為自我實現，馬斯洛（A. Maslow）實驗研究指出，能自我實現者人具有下列人格特質（Chang & Wang, 1997）：

1. 尋求更有效的知覺到現實環境和適應環境。

2. 能接納自己、接納他人，及所身處的眞實世界。

3. 能夠自動自發的思考問題。

4. 能面對問題，而非以自我爲中心而自滿。

5. 具有較超然的風度及隱私的需求。

6. 能夠自主、自律與獨立。

7. 能夠不斷的以新奇的眼光來欣賞人生、體驗人生。

8. 具有神祕感和巔峰經驗。

9. 有選擇性的建立深入而良好的友誼。

10. 能認同人類。

11. 具有民主的價値觀和態度。

12. 能夠區別手段、目標、辨別善惡。

13. 具有富於哲理而無敵意的幽默感。

14. 具有高度的創造力。

15. 能拒絕文化一致性的陶冶，並能超越各種對立性。

第三章　工作與職業

　　有人把工作當成是一份職業，有的人則把工作當是種事業、生涯；職業是替別人做的，事業、生涯則是為自己做的。能把工作當成快樂，在工作表現自我的理想與抱負，便是一種事業或生涯的經營。例如：教育工作者，基本工作職責為按時上下課，認真於傳道、授業、解惑，為典型的教師生涯，是一份清高的職業；若是課堂之外，仍能將愛心與關懷傾注於學生身上，不僅是知識與技能的傳授，並承擔著經驗傳承、人格塑造的責任，以身作則，視學生如親子般，有教無類，作之親、作之師，所從事的就不單是份職業，而是實質的教育事業與教育生涯。

第一節　工作

　　擁有正當職業而且樂在工作，就是一種成熟的工作態度，是一種對自我負責的態度，更是自我實現的實踐。個人的工作參與與工作表現是生涯發展與生涯規劃的基礎，樂在工作才能落實生涯規劃，進一步擴展生涯空間，建立成功的生涯關係。

一、工作內涵

　　工作的定義，將隨時代而有所不同，且不受報酬、時間、地點、方式等的限制。工作的範圍將有相當程度的擴充，過去一些老舊的、呆板的、瑣碎的、重複的、勞累的工作將隨著科技的變遷與發展，逐步的被淘汰；相對的，有一些需要更多專業性、服務性的工作，逐漸被開發，而成為未來的新興行業。

(一)工作涵義

工作一向被定義爲具有社會及經濟性價值，並以目標爲導向的活動。對於人類而言，工作的意義絕不僅止於賺錢謀生。工作除了占據人們大部分醒著的時刻外，社會及心理學家也認爲工作可以建立自我及肯定自我，經由工作貢獻所學，有助於生涯發展與自我的實現，是圓滿生涯的要素之一。

工作對於生涯的發展具有舉足輕重的地位，技術與經驗，更是其中不可或缺的角色。不論是清潔工人、中階幹部、或是大公司的負責人，盡責任做好份內的工作，是最起碼的要求，在追求生涯圓融的過程中，更是不可或缺的。因此，不論在任何一個工作崗位與階段，工作本身與技巧、能力、知識、技能的培養，是相當重要的。

人生主要有：個人、家庭、社會、工作等四個層面，而工作是現代人最花時間和精力去扮演的關鍵層面，是連結其他三項人生層面的重要環節。工作具有下述涵義：

1. 指獲得經濟報酬的活動。
2. 指達成某種目的所從事的某種活動。
3. 其涵義與「就業」和「職業」相通。
4. 指工作者所做的「事情」或「業務」。

(二)工作意義

傳統社會觀念中「工作」指的是個人付出勞力、心力以換取經濟上的報酬。在未來的時代中，只要是對自我或是他人有所幫助、有價值的工作，也不論工作的內容爲何，是主動或是被動，都表示在工作中，都能獲得他人的評價。例如父母、家人在家養兒育女、動手修繕房屋、種植花草樹木、養殖動植物、從事義務工作活動等。

人類的行爲有本能行爲，也有更可貴的目的意識行爲。所以工作要有目的有意義，能有高度理性、意志力堅強的人，做事不會衝動，不至於情

緒化，也不會做沒有意義的事，更不會昧著理性良知去做傷天害理、違法的工作。工作的意義如下（張添洲，2013）：

1. 指工商業內一種特定的工作職位。

2. 實現自我的理想：每個人都有願望，其實現的方式常會因人而異，最好的方式還是經由工作而自力更生，努力工作，以創造一方自我的事業。

3. 開創發展的機會與條件：自立自發、樂觀進取以達成理想，開創發展的機會。

4. 促進社會的進步與繁榮：有意義、有價值的人生，絕不是為了生活，而是為了堅持理想，能對社會有所貢獻。

依據社會學者的解釋，工作的意義如下：

1. 滿足物質需求，解決生活。

2. 發揮個人所長，激勵自我成長。

3. 服務人群，貢獻所學於社會。

(三)工作理念

工作或職業並不是生活的全部，世俗成就也不是生活意義的唯一來源，社會的價值觀往往限制人類的視野，影響人類的選擇。因此，生涯發展應發展人類的自覺性，養成生活批判的精神，以建立開放又統整的生活價值觀。

大部分的工作都經由教育與訓練而勝任；工作條件，對所有人而言，有尋找工作的最佳機會與確守工作的最佳保障之涵義。工作的真正意義在從組織中找尋樂趣，試著用工作滿足心靈的需求，如果想把工作做好，必得從工作中發掘樂趣，珍視所有個人認為表現突出的時刻。

(四)工作影響因素

工作是指個人為謀生而履行的活動與責任，也是個人對其自認為有價

值的目標所作的有系統的追求過程；人類工作除了可以換取報酬以獲得生活溫飽之外，更重要的是，能夠經由工作參與的過程中，發揮自我的所學及所長，實踐自我的理想。

工作的影響因素，牽涉到個人、工作與社會等因素，說明如下（張添洲，2007）：

1. 個人因素：性別、年齡、學業成就、學習動機、性向、自我概念等。如性別取向對於生涯發展的影響見之於性別角色刻板化的職業印象和符合傳統性別角色的職業興趣等人格特質。

2. 社會因素：主要為機會因素、家庭環境、教育系統、職業結構、就業市場、經濟狀況及社區資源、個人的周遭環境等。

3. 學校因素：如學校座落、學校性質、就讀科系、學校組織與氣氛、師生互動、學校環境等。

4. 家庭因素：例如出生之序別、家庭社會經濟地位、父母對職業的期望等。

5. 工作因素：工作性質、年資、環境、社會環境等；工作或環境的適應力，不但影響自我概念，也可能影響職業志向、生涯適應、生涯決策能力，以及對生涯抉擇的勝任與滿意程度。

6. 生涯發展因素：生涯發展因素源自於生涯發展本身。例如：生涯的成熟或適應、生涯決策型態與能力等，影響生涯抉擇行為。

7. 其他：屬於較無法預測的因素：例如疾病、意外、家人親友的變故等。

二、工作功能

每個人各有不同的工作態度與工作價值觀，有人工作為了擴展生活經歷，追求成就感，尋求生命的意義；有人為了找尋感情的歸宿；有人單純為了薪資報酬；有的人則是不知所以然。其實，一個人工作若是不快樂

與不滿意，很輕易就可以從其外表與眼眸中看出端倪。精神不振或雙眼閃爍、缺乏閃亮眼神者，往往就是工作不如意者。值得注意的是，工作不如意的頻率過高，便會養成習慣，成為一個慣性工作鬱卒者；反之，能夠全心投入工作、努力學習的人，就會成為樂在工作的人。

(一)工作功能

　　生涯規劃重視的是工作價值觀重於金錢價值觀。工作績效是人際關係的基礎。因此，能夠樂在工作，努力工作，工作績效優異者，便能有所成長，進而廣結善緣，建立綿密的人際關係。敬業負責是工作最基本的態度，樂業則是工作績效的保證。

　　沒有價值的員工隨時都可能會被取代或被解僱，就是高失業危險群之一。與其工作時哀怨不滿，不如換個心情，換個角度，生命的一切價值都與個人所選擇的工作有密切關係。做個樂在工作的人，才會贏得信任與尊重，才是生涯成功的捷徑。

　　工作的經歷，會讓人成長，體會出各種工作的甘苦，增加個人的視野開闊。從工作中不僅可以尋求自我價值的肯定，剖析自我人際關係的好壞，甚至透視自我的工作能力。亦即，工作可讓人更加了解自我，也讓自己更懂得尊重別人。

　　工作是每個人生活的重心和自我成長、自我肯定、自我實現的重要媒介。涵蓋之功能如下（張添洲，2007）：

1. 經濟性功能：藉由工作或職業的收入，以購買生活上所需要的貨品或勞務。滿足物質需求，解決生活問題。
2. 社會性功能：個人努力工作，直接的滿足生活所需，間接的能服務他人，獲得歸屬感與成就感。服務人群，貢獻所學於社會。
3. 心理性功能：在與現實生活環境接觸中，可給予個人自我肯定、自我實現的機會。發揮個人所長，激勵自我成長。
4. 生理性功能：工作可增進身體的新陳代謝，增進身心健康，避免

疾病與病痛。

(二)工作特性

　　每項工作都有其特殊的工作特性。能了解工作特性，方能有效地掌握工作重點，配合組織的發展目標。例如：教學工作具有社會互動、雙向溝通、關係適應、自由管理等特性，教師扮演「傳道、授業、解惑」的工作，具有領導、傳播、學習、諮商輔導等角色，要能勝任愉快，需具備和諧的人際關係、優良的教學技巧、溝通與輔導技能、專業的知識與技能、成績考核能力、行政能力、教室管理等能力。

　　工作是人生智慧的根基，自我將隨著工作一起成長、一起發展、一起提升；工作是一種社會指標；工作是個人與他人建立人際關係的地點；工作是個人與廣大社會融合的過程，亦即工作不僅提供個人經濟生計，並且提供自我滿足與喜悅的來源，及自我肯定、自我發展、自我實現的發展。

　　工作世界是一個外在的環境，理想工作特性如下：

1. 獨立自主性：獨立自主性愈高，工作性質愈專門化，愈需要有長期專業的訓練和系統性的知識與技能，工作意義和價值就愈大，帶給個人努力奮鬥的目標也就愈明確。
2. 未來良好發展性：能夠適應時代的變遷與發展需求。
3. 挑戰性：係指工作本身的性質和應付工作的方法，不是單純、單調而是多樣、刺激，甚至經過特別的努力才能克服的。

(三)工作價值

　　工作的價值，首先在於職業平等觀念的建立，在工商業時代中，分工愈來愈細，職業的種類也就愈來愈多，各行業間以達到環環相扣的互動情況，每種職業都有不容低估的潛力與貢獻。

　　任何一種工作在尚未投入、參與之前，很難發現真正的意義、價值，也較難引起人們的興趣。因此，要想成功任何的事業，努力參與、投入是

必要的條件，所以要有做好為工作而反應的心理動向，更要在實際的工作上真正的深入，方能樂在工作。人類藉由工作使生活有意義，使生命產生價值，使生涯更順暢。

　　工作的意義和價值標準很難訂定，因為性質不同而有所差異。共通的「社會性」應是可以衡量的標準，亦即視工作本身對於自己、對於他人、對家庭、對於社會團體、甚至於對國家民族的貢獻性，貢獻愈高，則其意義和價值就愈高。因此，在邁向發展的過程中，應考量賦予工作更多的社會性，同時在工作中使其意義化、豐富化和價值化。

(四)工作境界

　　高科技的工作，具有重要的地位，同時，隨著人口的增加，居住密度提高，以及人口老化問題日趨嚴重，醫學方面將有革命性的改變，與電腦資訊的結合將是突破性的關鍵。如資訊、電腦、網路電視、電子通訊、公共關係、遠距醫療、老年安養等。

　　人要活下去，就必須工作，要活得好更要努力工作，要生活得有意義，不但要努力工作，而且要努力做有益於他人、組織、社會的工作。所以，工作之境界：

　　第一境界：現實境界，為現實的生活而工作。

　　第二境界：發展境界，為個人、團體、社會、組織的進步發展而工作，例如：社工人員。

　　第三境界：利他境界，為他人、團體、組織、社會之服務、奉獻而工作。例如：志工、社工、宗教家等。

三、工作世界

　　個人對工作世界的認識，早自孩提時候就已萌芽。例如：玩家家酒時的角色扮演，上學以後作文課「我的志願」等。雖然當時的認識不一定切

合實際，但是在模仿、想像、遊戲等過程中，已經充分表達了對於未來工作的期盼和偏好。隨著歲月的增長、教育程度的累積、生活經驗的增加、知識領域的擴增，以及現實條件的限制等，職業與工作的選擇就不再是輕而易舉的事情。

工作或職業並不是生活的全部，世俗的成就標準，也不是生活意義或生命價值的唯一來源。因此，工作對於生涯發展的重要性，因發展階段的不同而有所差別，同時也會因為職業或職位等的不同而有所差異。大部分的工作都經由教育與訓練而勝任；工作條件，對所有人而言，有尋找工作的最佳機會與確守工作的最佳保障之涵義。

無論將來準備進入何種行業，或是曾在行業工作過，都必須掌握現今就業環境的發展，如應具備的職業條件？就業供給量或需求量？未來的發展性如何？能了解就業環境，並廣泛蒐集各類就業資訊，才能為自己做最好的規劃與準備。

(一)工作環境

每個人的生涯歷程，事實上是一個個體在整個時代、社會的脈絡中，如何往前走的軌跡。因此個人的職業生涯規劃，必先了解整個社會的環境。社會環境內涵，包含家庭環境、工作環境及教育環境，說明如下（張添洲，2007）：

1. 家庭環境：有父母、配偶、子女、親朋好友等因素。
2. 工作環境：有工作與組織體制的互動；產業的發展；科技的變遷等。
3. 教育環境：如正規的學校教育學制、成人教育及終身教育。

各因素相互影響，形成每個時代特有的社會環境，進而影響個人的思考模式與生活價值，選擇合適的工作行業要素主要如下：

1. 合法性：須不違反法律規定與善良習俗等要求。
2. 成長機會：是否能學習到多元的知識與技能、應對技巧及培養正確工作態度。

3. 合理報酬：工作時數與工作內容和實際所領薪資是否相稱，其他相關福利措施等。

4. 發展升遷機會：晉升與否端視自己表現，不受年資或特殊關係等的影響。

5. 產業前途：未來發展具有前瞻性的行業。

6. 工作價值：是否覺得工作有意義並能樂在其中。

(二)工作層次

　　社會上的行業、職業甚多，有上下層級的不同。任何一項工作最基本的要求就是確實。做得對，是工作的基本要求。能做到確實沒有錯誤就是好；既確實又能迅速省時自然更好，若是能再進一步，順應時代的發展，不斷創新研究，趕得上潮流，是最好不過的，爲最高明的表現。工作的劃分原則如下：

1. 依照所使用的機器、設備分類。

2. 依照所使用的材料、元件分類。

3. 依照所使用的器具、工具分類。

4. 依照產品的種類（例如：規格、功能等）分類。

5. 依照工作方法分類。

6. 依照工作的流程分類。

7. 依照服務的項目分類。

8. 依照所服務的對象分類。

(三)工作時期

　　任何的工作人員，能將本身工作如期完成，就是堅守崗位的好表現；工作表現，不但要做得對，而且還要做得好；一旦進入領導、經營決策階層，方能掌握工作重點與要領，而非只停留於對不對、好不好的階段，而是要能作宏觀的深度考量，竭盡心力，把工作導向高明、前瞻、全方位的

境界。依照進入工作世界的時期,分類如下:

1. 探索期:逐漸熟悉整個工作性質、環境、方法、技巧等。
2. 創新期:此時工作效率最高,講究工作方法與技巧等的創新與改善。
3. 穩定期:對工作職位的要求習以爲常後,就進入效率漸低的穩定時期。

(四)工作能力

每個人不管其人格特質爲何,下述工作能力是工作成功的關鍵要素(吳怡靜,1995):

1. 人際關係:包括與不同的人相處、在團隊中扮演適當角色、培養與主管之間的默契。
2. 溝通技巧:如溝通協調技巧、文書寫作技巧、口語表達技巧、應對進退、察言觀色等技巧。
3. 工作態度:包括對組織、對主管、對職務的忠誠、衣著服飾整齊乾淨、身心保持最佳狀態、守時、有責任感、熱誠、積極。
4. 問題解決能力:如獨立自主解決問題、能調適工作優先順序、能系統分析工作的質與量、能有效的運用時間。
5. 一般工作知能:具備一般工作基本知識與技能,如品質管制、具備成本與效益概念、擁有安全衛生概念、資訊網路能力、團隊合作互助精神等。
6. 專業職務能力:具備工作領域的專業知識與技能,能有效運用專業技術能力、資料、材料、設備等。

四、就業準備

對於職業或工作的選擇,有的是毫無主見,不知從何選取;有的是來

自於家庭或是外在環境的要求，迫使自我無所適從；有的則是考慮因素過多，變得茫然不知所措；有一些則是對於職業與工作或自我的認識不夠，在選擇上有所延誤或是偏差。於是產生聽天由命、隨便、高不成低不就、盲目嘗試等情況，終至一無所成現象。不但是個人、家庭、社會的不幸，更是國家的損失。

　　人類是需要的動物，也是追求意義的，人們在追求滿足需要的過程中，不但溫飽了自我、成長了自我，也實現了自我，發現人生意義之所在。人們所從事的職業或工作就是滿足需要的方式之一，透過對職業生涯階段的準備、發展與修正，使自我的興趣、能力、潛能得以發揮，實現個人的理想與抱負，也促進了國家社會的繁榮與進步。

(一)就業準備

　　世上的各行各業，只有性質上的不同，沒有貴賤之分。任何工作，凡是有利於社會人群的，都是神聖、莊嚴的。任何人不論擔任什麼職務，從事何種工作，都要尊重自己的職業。能在自我的工作崗位上，認真去做，盡其在我，分內的事，求其盡善盡美，便是敬業，才算是盡本分。就業之準備程序如下：

　　1. 先將有興趣的行業或公司整理出來。

　　2. 調查其特色及發展性、公司的企業文化、組織結構。

　　3. 決定各主要因素的標準比重值。

　　4. 列出各行業中各因素的條件。

　　5. 給予行業或公司之各種因素的評比加權。

　　6. 比較總分、評定結果。

　　7. 進一步了解工作的機會、特性、願景。

(二)謀職技巧

　　當個人在報章雜誌媒體上或經師長親友等推介獲得職業訊息，有意應

徵時，應該把相關應徵文件寄出，以提供對方的參考或篩選。應徵資訊的齊全與否，關係工作機會的獲得，一般常備內容如下（張添洲，2007）：

1. 簡歷表：敘述個人的基本簡要學歷、經歷及基本資料。包含工讀、實習歷練，社團經驗等。

2. 自傳：提供個人較詳細的資料。包含身世背景、教育準備、工作期許、未來展望、自我評語等。

3. 學歷、經歷證件：畢業證書、受訓證書等影本。

4. 成績證明：各項學習成績證明。

5. 考試或檢定合格證書：包括各種技能檢定證書、影本。

6. 教育或訓練研習證明：如短期的研習、研討、訓練證書影本。

7. 作品：與應徵工作相關所需能力有關的作品，或研究報告、發表文章等影本。

8. 榮譽與獎狀：與應徵工作相關所需能力有關的各種得獎證明影本。

9. 健康證明：公立醫院體檢表等。

10.其他：可用來證明自己的各種學經歷、能力或可以幫助更了解自我的的文件，如師長推薦函、離職證明、性向測驗等資料。

(三)工作態度

每個人在機關、團體、公司、工廠中做事，工作性質各有不同，個人的工作能力也因此不相同，工作表現的好壞或優劣，只是一種比較的結果，並沒有絕對的標準。如果想做好工作，進而出人頭地，能積極努力用心，多做、多學、多想、多問，將可望創造出超越的工作業績與卓越的表現，在團體組織中會受到主管與同事的器重與尊敬。

工作歷程中沒有瓶頸、困難與挫折，就沒有挑戰，成長的歷練就愈少，應付困難與挑戰的健康心態就是勇敢的面對它，方能戰勝它。一般人常以學非所用、用非所學、大材小用、工作性質不符、興趣不合為沒有好

的工作成績與表現找藉口，不僅帶給人們挫折感和心理的失衡，甚至於阻礙社會整體的進步與經濟發展。工作是每個人生活的主要內容，也是衡量個人成功的重要指標。良好的工作態度如下：

1. 個人在工作參與、工作抉擇和工作歷程中，主動的參與和積極的投入。
2. 個人對於工作的態度和價值觀應是工作取向而非物質享樂取向。
3. 以自我為導向而非他人導向的工作心態。
4. 依據個人真實的能力、條件、興趣接觸工作。
5. 個人對於所從事的工作有相當的專業知識與技能。

(四)工作調適

工作調適與滿意是基於：個人工作與其能力、興趣、人格特質及價值觀等適合的程度；工作調適與滿意有賴個人在成長與探索經驗，是否使自己覺得所從事的工作或擔任之任務與工作稱職而定。

找工作可由師長或學長推薦、親朋好友介紹、看報紙求職廣告、上網登記媒合、參加徵才活動、人力銀行徵才網站等。此外，參加高普考等公職考試或透過青輔會、各地就業輔導中心、學校輔導室，也都是就業準備可以利用的求職管道。

若有熟人推薦或介紹，或由官方機構居間仲介，受騙風險較低。大多數自行尋找廣告啟事者，必須在眾多訊息裡仔細判斷，提防「掛羊頭賣狗肉」的詐騙陷阱伎倆。經常有以老鼠會形式，騙取錢財的事件，嚴重的話，人財兩失，社會經驗不夠的應屆畢業生不可不防。目前也有不少職業介紹所刊登求職廣告引誘顧客上門，等到求職者前往面談時，再騙取介紹費。這些騙術看似容易破解，但一些急於找工作的人卻被騙的昏頭轉向，因此就業準備，千萬不要操之過急。

工作調適的要點如下：

1. 盡職，能為自己的表現負責。

2. 熱衷學習，積極吸收新知，擅於吸收資訊並主動創造資訊。

3. 和藹親切，廣結善緣，人脈充沛。

4. 對工作具有旺盛的上進心與企圖心。

5. 能與工作團隊保持良好的合作默契。

6. 敢於提出具體可行之建議。

7. 高度反省力，能隨時修正自己的觀點。

8. 了解工作對個人的重要性。

(五)工作生活品質

工作生活品質（quality of work life）不只是強調工作環境與薪資的改善，同時也包括每位員工能否發揮自我的專長、能否從事自己感興趣的工作、能否得到適當的教育與訓練和指導等，而充分發揮其潛能。

工作生活品質，受到工作環境的因素影響，可以由提供基本的生活需求、成員參與、被接納以及認同的空間、成員自我成就和自我實現的機會以及成員較高的生活保障等指標來衡量。其中尤以透過生涯的教育訓練及生涯的諮商與輔導，提供成員自我成就以及自我實現的機會。因為，根據需求滿足理論的分析，個人的意願達成度愈高時，愈會覺得生活有意義。因此，透過辦理教育訓練，使個人所需求的工作環境、時間運用、工作目標和生涯發展，能與學校組織所能提供的機會相配合時，則工作生活品質愈高。

每個人都想要為有意義的工作目標奉獻心力，沒有意義的工作，即使能夠發揮所長，也缺乏誘因。能夠讓人成長、振奮、激勵人們發揮的工作目標，才是人類所追求的。人類工作不只是為了解決生活問題，工作有振奮人心、自我實現、提升心靈成長、增進生活品質的效果。若已經找到自己最喜歡的事，就應好好計畫，讓每天都能過得既充實又愉快。

第二節　職業

　　職業，是每個人生活的重心和自我學習、自我肯定、自我實現的媒介，具備多重的目的，與未來生涯的成功有密切的關係。由於社會多元發展，分工制度日愈強化的結果，對於職業的選擇更值得重視。社會上每個人依其所學，都應有一份職業，以便謀生、養家餬口、自我肯定、回饋社會自我實現。因此，必須盡一己之責，堅守本分，以完成職務上應盡的責任。

　　《書經‧周官》：「六卿分職，各率其屬，以昌九牧。」意指六卿各率領其屬官，分治其所分之職；職業是每個人生活的重心和自我肯定、自我實現的媒介，涵蓋有多重的目的，與未來職業的成功有密切的關係。由於社會多元發展，分工制度日愈強化的結果，對於職業的選擇更值得重視。

一、職業內涵

　　既然職業在生涯中如此重要，尋找職業自然要謹慎小心，有合適的職業，才能為工作而活，但謀職絕非易事，想找和自己「速配」的工作，要從認識自己，了解工作世界並加以嘗試入手，才易成功。

(一)職業意義

　　職業是一種以提供各種勞動技術或智慧的以交換報酬一種持續性活動。是指個人所擔任的職務或工作，總和了職位與角色，透過職業，人才能維持生活，獲得安全保障及其他物質上的滿足，並能展現所學，發揮潛能，履行社會角色，實現生活理想，達成自我實現的目的。

　　職，含有下述意義：

1. 職守：為本分或是職務上的責任，亦即份內應做的事情。
2. 職責：又稱為責任，即是責任的賦予。係指因職位而獲得的工作任務，達成工作任務，應有所獎賞，任務失敗，應受責罰。
3. 職務：為平日職位上所擔任的事務。
4. 職掌：為職分上所掌理、管理的事務。
5. 職等：工作性質不同，形成繁簡、難易及責任輕重之分，隨著職等的不同，工作所需要的資格、條件程度也就不同。

(二)職業條件

職業係指個人所擔任的職務或是工作，行政院勞委會認為，應具備下述條件（陳聰勝，1997）：

1. 有報酬：指因為工作而獲得現金或實物報酬。
2. 有繼續性：係指非機遇性；但是從事季節性或週期性的工作亦被認為有繼續性。
3. 為法律並為善良風俗所許可：如從事某項工作雖然獲得報酬，卻不為法律所許可或不為善良風俗所許可，不得視為職業。

(三)職業證照

職業證照制度，是以一定的標準對從業人員應該具有的某項專業知識、技能，加以測定檢定，合格者由政府或公正機關頒發職業技能證書，以作為從事工作之憑證；取得該證書之人員在就業時，依法可取得某種程度的保障，甚至可以證書作為職業之憑藉。

職業技術證照的目的如下（蕭錫錡，2009）：

1. 建立正確的職業觀念，使國人更能對技術工作者產生尊重的態度。
2. 評鑑職業訓練與職業教育的成效，作為改進職業教育與職業訓練的參考依據。

3. 提高技術水準，確保個人及公共安全，使個人職業安全有所保障，並可防範危及大眾生命財產安全事件的發生。

4. 確保工作或服務之品質、提升職業服務的水準。

5. 儲備技術人力，評鑑技能水準，作爲企業僱用人員的參考依據。

6. 激勵從業人員及企業界對技能水準提升的重視，促進經濟發展與產業技術升級。

(四)理想職業

　　理想的職業，必須能使個人獲得發揮才能的機會，能夠適當的履行社會角色，且能獲得合理的經濟報酬。職業的性質不同，職業的差異有別，尤其是經濟發展快速，生產方式變更，社會分工精密，對於職業的選擇更應注意。多元社會中，人的興趣是多重的？透過職業性向測驗並運用其結果，一方面試探其可能的潛力、興趣與態度，另一方面可以對自我的職業性向多一分的了解。

　　職業生涯成功的條件，在於提升各種專業能力、技巧及正確的價值觀，成功絕無捷徑也不可能速成。唯有累積成功的本錢，等待時機來臨時才有能力掌控，並能長期的擁有它。所以在選擇工作時不一定要選擇「錢多、事少、離家近、主管疼、異性多、工作自由」的工作，而是要選擇一份真正能讓自我有所學習、成長、成就的工作。

　　面對經濟發展與就業結構的快速變遷，人性化在職觀，應該建立一個正確的就業觀念，體認社會上「行行出狀元」的成功事例，進而訂定適合自我的職業發展目標，不斷充實自我，積極的努力，以開創個人光明的前途。人人都應該透過敬業勤勞的習慣，發揮自我的潛能，不可以只嚮往自我喜歡的工作或職業，方爲正確職業內涵。

二、職業選擇

　　工作有難易，職位有高低，待遇有厚薄，職業卻無貴賤。這種社會報償上的差距，正是激勵個人奮發向上的原動力，各行各業都需要各種人才。

(一)職業類型

　　除了能力和意願之外，個性也是個職業重要的參考依據。個性，包括人格和價值觀，荷倫（Holland）的類型論即明白指出職業選擇是人格的表現，以實際型（R）、探究型（I）、藝術型（A）、社會型（S）、企業型（E）、傳統型（C）等分別代表六種人格類型，以荷倫碼測驗出的荷倫碼順序中的前三碼為個人的人格組型，以六個代碼組成的六角型分析職業興趣的一致、分化和適配等特性，將適合個人特質的工作與個人特性結合起來，找出自己是怎麼的人，有何特色，有助於尋找到最適合自己的職業。職業的類型如下（Holland, 1997）：

1. 實際型（R）：有運動或機械操作能力，喜歡機械、工具、植物、或動物，偏好戶外活動。
2. 探究型（I）：喜歡觀察、學習、研究、分析、評估、和解決問題的人。
3. 藝術型（A）：有藝術、直覺、創造的能力，喜歡運用他們的想像力和創造力，在自由的環境中工作。
4. 社會型（S）：擅長和人相處，喜歡教導、幫助、啓發、或訓練別人。
5. 企業型（E）：喜歡和人群互動，自信、有說服力、領導力，追求政治和經濟上的成就。
6. 傳統型（C）：又稱事務型，喜歡從事資料工作的人，有文書或數字的能力，能夠聽從指示，完成細瑣的工作。

　　上述六種職業類型，每種職業類型都有其特質及適合從事的工作。因此，在選擇職業時，應配合找到一個適合自己個性的職業環境，才能發揮所長，達到相輔相成的境界。目前的大學入學考試中心，以及學校輔導室都有相關職業人格類型的測驗與分析，有需要的同學請就近請求施測，以增進對自我的認識與了解。

(二)熱門職業

　　職業常隨社會變遷、時代發展、科技進步等之因素而變遷，發展中的熱門行業：

1. 高科技行業：近年，高科技資訊產業快速無比的爆發速度，直線發展成國內外第一大產業，光電、生化產業更被視為是下一波接替半導體產業的趨勢行業。無論是在現在或未來，高科技產業都被視為是最具有潛力性的產業之一。

2. 金融服務行業：涵蓋了傳統銀行、保險、證券、理財、財務等，未來的發展上是要邁向消費之意識型態，無論是信用卡、貸款、套裝專案保險、綜合理財的推行，都必須走入面對消費者直接進行產品行銷的趨勢。

3. 文教事業行業：國內外國民生產總值逐年提高，生活品質亦隨之提升，財團與法人興學漸多，顯示對教育扎根的重視，而大型連鎖書店、就業輔導機構、補教業等的蓬勃發展，說明了文教事業在未來發展的趨勢上不容忽視。

4. 醫療保健行業：高齡化時代的來臨，在發展醫療保健上，以及為老年人口提供高品質的生活照料更加重要。另外，透過生化科技來研究疾病的預防與治療，是目前正待起步大量研發與培養的部分，未來發展的空間還很大，也是人類醫學發展不得不走的一步。

5. 休閒娛樂事業：週休二日的實施，資訊科技提升工作效率，人們愈來愈重視休閒活動。世界化地球村的形成，對於旅遊休閒更有

推波助瀾的效應。

6. 大眾傳播事業：二十一世紀，大眾傳播媒體的影響力量早已無遠弗屆，如何掌握傳播媒體、開創未來生涯，是邁向成功的重要關鍵。在未來大眾傳播事業將走向寬頻網路，與生活息息相關，並且成為訊息溝通的重要媒介。

7. 專案工程師行業：在大型的專案工作中，可能同時需求各種不同專業的配合，且對專業的需求更加的倚賴，因應於此而廣納各項相關的專業人士共同配合完成專案，在此同時也提供了大量的就業機會。

8. 航空事業：因應國際化時代的來臨，快速便捷的航空運輸已經成為人們縮短交通時間、爭取利基的方式之一，配合國際旅遊的趨勢，航空業正蓬勃發展。亞洲將是二十一世紀的人文與商業的活動中心，未來兩岸的通航將是航空發展的最大機會。

9. 企管顧問行業：企管顧問產業包含會計師事務所、建築師事務所、律師事務所等自由業類顧問，主要在對企業提供專業的經營管理諮商、輔導發展以及員工職涯規劃。

10.創意發明型產業：網頁設計、動畫設計、網路遊戲等人才是目前最熱門的行業。事實上，產品需要加上創意與行銷創造其價值，所以市場對包裝與行銷愈來愈重視，有愈來愈多的產業亟需創意人才。

11.生涯諮商行業：生涯諮商偏重在個人的生涯規劃方面，強調透過諮商以釐清生活盲點，避免在追逐高薪與熱門行業中因不適合而造成個人與企業體彼此的負擔。

(三)職業選擇

職業選擇，係透過各種測驗工具的施測、資料的傳遞介紹，以及個別諮商或是團體的過程，增進當事人了解自我及工作世界認識，進而選擇所

要從事、能夠符合自我興趣、性向、能力等的行職業；職業準備則是個人在實際就業前必須接受的教育、訓練，以及個人在就業時所接受的在職教育或訓練。

　　職業選擇，首重興趣與性向，因為興趣是從事職業與學習的原動力，如果職業能夠符合自我的興趣與專長，就容易感到有意義的而能全心投入，以收事半功倍的效果。選擇職業應該考慮的因素：工作環境、工作性質、特殊能力、未來發展、工作需求條件、教育與訓練、發展機會內容、薪酬、工作地點、福利制度、升遷辦法、人際關係、工作時間、進修機會、社會地位、工作保障等。

　　經濟的發達，使國民所得提升，因之在人類的需求層次上，有了顯著的改變，工作的目的已經脫離了追求生活上獲致溫飽的層次，工作環境的優劣及成就的獲得，已成為尋找工作的重要考量因素。自動化、資訊化，固然節省了工作的時間與人力，同時卻也減少了人與人之間的關係。

(四)職業能力

　　能力是指達成某項事情所需要的知識與技能。職業能力是影響職業生涯抉擇的主要因素。職業能力是可以加以培養的，一個人若有較高的興趣和成就動機，經過努力，假以時日，將能有所成就。

　　人都夢想著成大事，卻不知道充實自我的職業能力，真正的大事不是每個人都有機緣能碰上的。現實工作中，只要能累積實力，充實能力，將小事做好，就可以工作得愉快，並且累積經驗。一旦有大任務時，方不致受困於許多小事，而無法完成大事。一般的職業能力為（羅文基，1994）：

1. 普通能力：即是所謂的智慧能力，是一種學習的運用符號、抽象思考、及問題解決的能力，為學習任何事情最基本的能力。如說明與指示能力、比較能力、綜合能力等。
2. 特殊能力：每個人都或多或少具有特殊能力，特殊能力對職業生

涯的抉擇有重要的影響。特殊能力有的是與生俱來，有的則來自
於後天的學習。如精密工作能力、建構能力、計算能力、說服能
力、分析統整能力等。

三、職業道德

雖然職位有高與低，薪資有多與少，工作環境有好跟壞的比較，職
業道德卻是一致的，而且是發自內心的昇華。青少年時期是生涯的黃金階
段，可以從工作中獲得成長與進步，尋找成就感和工作樂趣，以自我的工
作角色期許，培養積極、進取的人生觀。所謂「職業無貴賤」、「勞動是
神聖」、「行行出狀元」等，亦即鼓勵只要是正當的職業，都有它的尊
嚴、價值與貢獻。社會上需要各行各業的配合，如果個人所重視的職業價
值觀能在工作中獲得滿足，則能安於其職位，樂在工作。

(一)職業道德

由於經濟的發達，使國民所得提升，因之在人類的需求層次上，有了
顯著的改變，職業的目的已經脫離了只是追求生活上獲致溫飽的層次，工
作環境的優劣，潛能的發揮與及成就的獲得，已成為重要的職業理念。

隨著時代的變遷，組織疆界逐漸模糊產業或高科技產業中，組織忠誠
度的意義逐漸淡薄，傳統企業與員工的僱用關係將受到挑戰。經由職業道
德與倫理的實踐，以達成激發工作興趣，培養正確職業道德觀念；了解成
功職業所應具備的條件；培育正確的服務觀念，陶冶就業情操等目標。職
業道德主要意義如下：

1. 社會層面：公司組織中的成員應接納每一位共事者的夥伴，不論
   是辦公室的同事、策略聯盟的友廠，還是公司的經銷商、供應
   商，都應該彼此信任、相互尊重，形成一個可以不斷學習與成長
   的工作團體。

2. 經濟層面：每種職業或每位工作者或小群體均應確信自己的報酬，是來自於對組織的附加價值，而不是在組織中的權位。

3. 專業層面：應充分發揮職業專業倫理、信守本身的承諾，以最大的努力完成工作，不因工作的指派者或委託者身分的不同，而有不同的投入程度。

(二)職業發展

在工作職場上，無論男女、老少，都會面臨挑戰與壓力，若要創造人生高峰，除了政府、企業界的努力外，將工作視為發揮一己專長的媒介，並運用階段目標的觀念來發展職業工作生涯。在創造職業生涯高峰的同時，如何滿意、稱職的扮演好每一個角色，且正視自己的所需，除了理論外，還須運用你更多人生的智慧。

社會新鮮人焦慮的來源，主要是全新工作環境所帶來的陌生感與焦慮感。剛投入職場的新鮮人，經常會求好心切，為了「想要做好，卻又不知從何做起」而苦惱。因此社會新鮮人應該按部就班地對公司進行全盤的了解。剛上班，舉凡公司或組織的歷史、文化傳統、人事組織、工作態度習慣、產品特色、短、中、長期的目標、工作內容、周遭環境等，都應用心了解，正所謂「知己知彼」，才能「百戰百勝」。

(三)敬業樂群

「腳踏實地」是敬業樂群獲得職業聲望的法寶。多元的社會需要各種人才，但是大多數的人只會羨慕別人的成就，或是模仿別人的作為，而疏忽了反過頭來，去真正認清自我的專長，了解自我的能力，然後鎖定目標，全力以赴。

身處多元化的社會，面對分工精密而複雜的時代，對自我的專業必須有所執著和投入，對於別人的專業則要有所尊重。不只是要能夠執著專業的理念，而且，從一開始就應發揮專業的精神、態度與知能。

　　人人都應該透過敬業樂群的習慣，發揮自我的潛能，不可以只嚮往自我喜歡的工作或職業。工作有難易，待遇有厚薄，職業卻無貴賤。這種社會報償上的差距，正是激勵個人奮發向上的原動力。怨天尤人，會斷送生機；自覺大材小用，也是昧於客觀的需要，各行各業，都需要各種人才，只要敬業負責，就是服務與奉獻，都值得肯定。

　　「腳踏實地，一步一腳印」，是職業平等、敬業樂群，獲得職業成功的保證。多元的社會需要各種人才，但是大多數的人只會羨慕別人的成就，或是模仿別人的作為，而疏忽了去體會他人成功背後的努力、辛勤。要能認清自我的專長，了解自我的能力，然後鎖定目標，全力以赴。

(四)職業展望

　　求學的最後目的還是要步入社會，學業總有告一段落的時後，就業將是人生另外一個里程碑的開始，所以在求學時期就應先做就業的準備，以免畢業即失業；反之，在社會工作時，也應把握在職教育與學習的機會，不能忘了進修。

　　吸取廣博的知識與技能，乃是獲得職業最基本的條件，個人若能養成平日好學求知的好習慣，日積月累後，知識與技能將會不斷的增加，有了豐富的知識與技能，對於職業的選擇與職業奉獻將有莫大的助益。

　　職業聲望象徵該項職業在社會上被尊重的程度，通常與該職業的入行教育水準及從業人員平均收入有密切關係。通常個人一方面不希望選擇的職業聲望水準太低，以致不符合自我概念中的自我價值感，卻也不願職業聲望水準過高的職業，因為其入行要求可能高過自我概念中對自我能力的評估，或是個人所願意付出努力的程度。

　　職業展望則是指未來對職業的變化、影響和需要的一種看法，內容包含工作時間、人際關係、工作內容、自我的條件等；沒有企圖心，不可能發揮所長，與有所進步。有了企圖心，不甘平凡的發明家、工程師等才會帶來許多美好的事物。若是工作缺乏動機，則會提早衰退與被淘汰。

第四章 生涯規劃與SWOTs分析

　　生涯學者舒伯（Super）指出，生涯是生活裡各種事件的方向，統合了個人一生中各種職業和生活的角色，由此表露出個人獨特的自我發展型態；舒伯的定義，生涯並非單指工作或職業，而是包括生活的各個層面。因此，生涯發展強調個人整體生活的妥善安排，透過這種安排，個人能依據生涯規劃要點，採取有效的決定，在短期內充分發揮自我潛能，並運用環境資源，達到各個階段的生涯成熟，以達成既定的生涯目標。

第一節　生涯規劃

一、生涯規劃

(一)規劃

　　規劃，指的是經由檢討、分析、評估、掌控、統合而訂定的開闊步驟及發展目標，進而描畫出未來的發展遠景與目標。「生涯規劃」就是一個人一生中立身行事、經營事業、奮鬥不懈的指南針與動力。不論是國家的生存發展，或是家族團體的延續，企業組織的經營，甚至於個人的立身行事，均應釐訂一份具體可行的規則與計畫，按部就班，鍥而不捨，使生活中充滿著興致勃勃的昂揚鬥志，以便循序努力，終將會有所成就（鄒應媛，1992）。

　　凡事能有所準備、規劃、設計、進行，就可以按部就班照自己預定的計畫去推動。因此，凡是一個人對自己的一生做了很好的計畫、周詳的考量，決定好自我奮鬥的目標與方向便是生涯規劃；管理大師杜拉克（Peter Drucker）說過：「計畫本身毫無價值，但是規劃的過程卻是無價的。」

(二)生涯規劃涵義

生涯規劃就是對自我未來的一個規劃，是個人為因應社會環境的變遷，為使自我能夠預期並掌握前進的方向，所作的成長與抉擇。狹義的說，在於協助個人從符合其興趣、能力、性向的範圍內，尋得一份能夠滿足自我價值需求的工作，並且在學習發展、人際關係、健康運動、休閒娛樂、婚姻與家庭、理財與投資、心靈成長等，取得有效的發展與適當的平衡，以期在物質及精神層面皆具有良好的生活品質。

不論國內或國外大起大落的人很多，白手起家的事蹟也比比皆是。如何度過快樂的人生，發展有意義的生涯，是生涯規劃的重點。傳統的生涯規劃偏重於自我想要什麼，就朝著所想的方向設定人生的發展目標，較欠缺宏觀的角度。隨著社會的多元變遷，生涯規劃的定義為：「訂定人生的發展目標，具體且有計畫的執行或修訂目標，以成就圓滿的人生。」

(三)生涯規劃定義

生涯規劃也是個人為因應社會環境的變遷，為使自我能夠預期並掌握前進的方向，所作的成長與抉擇。狹義的說，在於協助個人從符合其興趣、能力、性向的範圍內，尋得能夠滿足自我價值需求的工作。並且在學習、工作、家庭、休閒、職業及其間取得適當的平衡，方能在物質與精神方面皆能有良好的生活品質（洪鳳儀，1996）。

生涯規劃，簡單的說，是個人在一生中各個階段能作有計畫、有目的與有系統的安排（張添洲，2005）：

1. 從縱貫面區分：可從童年、少年、青少年、青年、壯年以至老年，每個階段均有其生涯規劃，而這種計畫是一生的。譬如說：小學生作文課〈我的志願〉有其崇高之願望與理想，由於對自己尚不了解，對外在的環境亦欠缺認識，往往願望與理想會和現實脫節。等到漸漸長大，每個人由於受到環境影響，也清楚知道主觀、客觀環境的種種限制，在生涯規劃上也趨向實際，對原來的

目標、理想與抱負也會逐漸修正。

每個人的生涯規劃不是一成不變的，它是在人生各個階段中經過不斷地修正而連貫起來的過程。

2. 從橫貫面來看：生涯規劃，包括一個人的家庭、學校、工作、職業、人際關係、休閒生活、運動健身、經濟理財、自我成長與身心安全等，將這些因素作妥適的安排，讓一個人的一生不斷的成長與發展，使生活更充實，也讓生命更有意義與有價值。

(四)生涯規劃涵義

生涯規劃，是個人學習、教育、生活、工作、休閒等的藍圖，重視及早訂定生涯目標，為個人生涯過程的妥善安排，並有計畫的加以實現成功的未來。在妥善的安排下，個人能依據各種要點，以充分發揮自我的潛能，善用各項資源，達成既定的生涯規劃目標。

生涯規劃以輔導學的角度而言，為個人生涯的妥善安排，在此安排下，個人能依據各個計畫的要點，在短期內充分發揮自我的潛能，並運用環境資源以達到各個階段的生涯成熟，以完成既定的生涯目標。

生涯規劃，簡單的說，就是將一個人的希望與理想，配合外在環境，經過人生各個階段不斷充實與調整修正，落實在實際的學習、生活、工作、休閒中；生涯規劃，指一個人生涯過程的妥善安排。在這個安排下，個人能根據各項計畫要點，充分發揮自我的潛能，並運用環境資源，以達到各階段的生涯成熟，而最終達成既定的目標。

換句話說，在個人對自己過去的成長背景、目前的資源條件，及未來可能的行徑等，都有相當程度的認知後，即依照時間的先後順序及對個人的重要性，予以妥善的安排。事實上，每個規劃與抉擇本身往往都有其利弊得失；不同的生涯規劃，個人未來的生涯發展路徑及結果，也將因之有所區別。另外，在整個生命過程中，因為年齡及成長階段不同，所扮演的生涯角色及擔負的任務亦將隨之改變。

生涯規劃的內涵，歸納如下（張添洲，1994）：

1. 了解自我、增進自我認識：認識自我的人格特質，激發潛能，是一種自我肯定、自我成長、自我實現的手段。

2. 了解機會、發展限制與其重要性：做自我想做的事，喜歡自我所做的事；過自我想過的生活，喜歡自我所過的生活。

3. 生涯規劃是一種生活型態、生命意義的選擇：以達成生涯特定目標的學習、工作、教育，與相關發展經驗。

4. 生涯規劃在探索工作世界：學習工作知識與技能，抉擇工作機會以投入工作世界。

(五)生涯規劃理念

生涯規劃，在爲自我的人生進行規劃，經過仔細的思考與安排，使自我活得更有意義與價值感。個人不能決定生命的長度，卻可以規劃生涯的寬度。要想成功，最重要的是要有信心、有希望。每個人各有不同夢想的編織，唯有抱持希望、有信心才能腳踏實地、按部就班去努力實踐，使美夢成眞。生涯規劃理念如下（張添洲，2005）：

1. 「一枝草一點露、天生我材必有用」的自我堅持：深信自我之能力，具有相當的潛力有待開展。

2. 旺盛的進取企圖心與謹愼規劃的配合：本著「登高必自卑，行遠必自邇」的生涯規劃安排。

3. 不妄自菲薄，看輕自我，而成爲生涯發展的逃避者：只要努力過的必會留下痕跡，天下沒有白吃的午餐。不妄自菲薄地自憐自怨自哀，也不狂放自矜地目中無人。

4. 多方面積極的學習、嘗試、探索、肯定：想要成功就不能畏苦怕難，要能多方面的嘗試探索，以目前的環境爲跳板。

5. 獨特的個體認知與專業人員的自我期許：生涯發展其重點係於過程的學習經歷與內在自我的實現與超越，而非執著於外在名利的

追逐與富貴榮華的享受。

6. 獨立自主的生涯決定，而非接受他人的安排：不執著於與他人的比較和競爭，不以他人的生涯發展軌跡作為自我規劃的藍圖。

7. 終身學習的追求：了解到社會變動的必然性，尋求終身學習配合，以求有效並持續的成長前進。

8. 把握任何學習、發展的機會：生涯管理的學習，係體認到就業、失業、轉業、創業是生涯發展過程中應有的交替，了解多元變動的時代特性，欣然面對挑戰，而不迷失或淹沒自我。

9. 多元學習專業的知識與技能：唯有借助多元學習的落實，才可使自我不斷成長。

10. 坐而言不如起而行，果斷的付諸行動；天行健，君子以自強不息。

(六)生涯規劃目標

生涯規劃簡單說，就是對自我未來的一種規劃，面對未來的生活、工作、生涯，事先做好構思與有所安排。針對未來所預期的目標，配合時間的管理，有效的處理。成功的生涯規劃應是自我的期許加上突破困境的信心與行動。生涯規劃的主要目標如下（張添洲，2007）：

1. 認識生涯發展：在於協助個人建立生涯發展正確理念、了解角色定義，以及生涯內容與空間，並進而探索個人生涯發展任務。

2. 認識自我：在於協助個人了解自我並自我評估個人興趣、性向、能力、個人特質、價值觀，形成正確生涯發展價值觀。

3. 工作世界認識：在於協助個人認識職業意義，工作價值觀、就業機會及管道，以及工作資料之蒐集方法與運用，使職業觀念與工作世界產生連結。

4. 學習生涯決策技巧：在於協助個人如何作成決定，及面臨各種問題之解決方法。

5. 擬定生涯計畫：在於協助個人配合自我人格特質，有效整合個人資料、外在環境以及對未來的透視能力，學會生涯規劃的技巧。

6. 認識就業安置與工作適應方法：透過實習課程、工讀機會、謀職演練、參觀活動，協助個人學習如何進入作決定的技巧、工作探索與適應過程及因應之道。

(七)生涯規劃本質

生涯發展與規劃的本質包含下述的行為（張添洲，2005）：

1. 對於自我與工作方面優勢、弱處的自我評估。

2. 透過目標的設定，以計畫職業的自我成長。

3. 能將行動有效的組織，務期能與目標互相配合。

4. 階段性的評估本身的工作情境與目標。

規劃所強調的是明確的目標、執行的要項、成效的評估、計畫的修訂等。例如：高中職階段學生是屬於舒伯生涯發展階段中的試探階段（exploration），其年齡約在15-19歲之間，主要任務為在學校及工作環境中，進行自我觀念修正、角色試探、職業試探，主要本質為下：

1. 認識並接受生涯選擇的需要，同時獲得有關的資料。

2. 了解興趣和能力，以及工作機會的關係。

3. 認清跟能力和興趣相一致的工作領域和階層。

4. 接受訓練與培養技能，方便於就業，或從事能實現興趣和能力的職業。

(八)生涯規劃特性

生涯規劃主要特性如下（張添洲，2005）：

1. 獨特性：個性儘管會有雷同之處，但絕不會完全相同。因此，進行生涯規劃，每個人都有其獨特性，都有其專屬的生涯規劃，絕對不會與他人相同。

2. 一生性：亦即從生到死一輩子的事情，具有終身的特性。如果今天作一個生涯規劃，明天又有另外的生涯規劃，就不能稱為生涯規劃，只能算是計畫而已。

3. 發展性：生涯規劃就學理而言，依年齡劃分為以下四個階段：

   (1)自我發現期：約在30歲以下。

   (2)自我培養期：約為30至40歲之間。

   (3)自我實踐期：約為40至50歲之間。

   (4)自我完成期：約為50歲以上。

   隨著早熟的傾向、資訊發達等因素，年齡層有所變動。

4. 全面性：係指所規劃的一生中包羅萬象，亦即對一個人生涯規劃所考慮的點、線、面極為廣泛，幾乎無所不包。

(九)生涯規劃模式

隨著生活型態、工作內涵與就業市場結構的改變，人們的生涯發展模式產生如下的變化：

1. 兩段式：屬於傳統式，例如：先求學然後再工作，先成家再立業。

2. 交替式：求學後再工作一段期間，再進修求學，然後再工作的交替方式，有如三明治。

3. 融合式：因於生活的壓力，放下工作再求學已經不敷需求。於是一邊工作，一邊求學進修。

二、生涯實踐

生涯規劃過程中，難免有成功與挫折，有快樂與悲傷，每個人都有自我調適的能力，承認自我的實力，評估自我的實力，並應學會坦然面對挫折與失敗。不必靠命運、家世、神明、風水，但看自己的雙手，加上實

踐的毅力，人的一生將具有很大的可塑性，以發展並創造幸福、美滿的生涯。所謂「三百六十五行，行行出狀元。」工作無貴賤的理念，協助人們在面對成功與機會時，心胸更開闊，機會更平等。

(一)人生大夢

每個人的個性、遺傳、智慧、教育背景、家庭環境等皆有所不同，有些人在求學期間，課業名列前茅，就讀明星學校，畢業後進入社會也有較好的工作；有些人的家庭身世好，依賴父母的呵護，經濟條件及人際關係表現突出與優越。俗話說：「天生命好。」但是，智慧與命運雖然各有差別，如何創造美好的生涯，還是要靠自我的努力與掌握。

吳靜吉博士在所著《青年的四個大夢》書中提到人生規劃的四個大夢：

1. 是人生理想的追求：屬於抽象的哲學追求，如宗教的理想、社會正義的實踐等。
2. 是良師益友的發現：結交志同道合能啓迪自我的朋友。
3. 是終身事業的追求：包括工作的、生涯發展的追求。
4. 是情感上的追求：以獲得溫馨的情感，增進和諧、幸福。

「人生似一個舞臺，您便是戲中的主角。」、「人生似戰場，您便是發號施令的主將，努力以逐夢踏實。」

(二)生涯規劃角色

生涯規劃的主要角色如下（張添洲，2005）：

1. 充分的自我認識與了解：客觀謹慎地自我分析，包括個人的夢想為何？什麼工作曾讓你有失敗的經驗或讓你極力的避免？
2. 覺察自我應有的責任與義務：個人責任？家庭責任？社會責任？婚姻觀念？需充實哪方面的知識與技能，或加強自我訓練？
3. 培養互助合作的工作態度：個人的生活型態？工作地點？工作觀

念？財務目標？

4. 培養規劃及運用時間的能力：在紙上寫下具體而量化所能想到的目標，包括短程、中程、長程目標等。

5. 學習如何尋找並運用職業世界的資料：工作世界認識？工讀機會？實習參與？

6. 培養價值判斷能力：人生觀念？價值觀念？生活型態？

7. 培養正確工作態度及價值觀：實作知識？工作技能？職業技術證照？

8. 安排及運用休閒時間：休閒興趣？休閒時間？休閒觀念？家庭責任等？

9. 培養解決生涯問題的自信與能力：審視生涯規劃的目標，是否能幫助個人達到所冀望的生活方式。

(三)生涯規劃功能

生活是一種挑戰，生涯的發展更是一種磨練。生命不在乎長短，生涯不侷限於功成名就，在乎自我成長、自我肯定、自我充實的意義。生涯規劃，要能懂得珍惜各種機會，把握每次學習與發展的機會，因為每次學習成果不論是多是少？或大或小？成功與失敗？都會累積成個人的經驗與智慧。重要的是如何學會在生涯的發展過程中發揮自我的潛能，以掌握自我生命發展的契機。其功能如下：

1. 學習有方向。

2. 生活有目標。

3. 工作有成就。

4. 生涯有意義、更充實。

生涯規劃的效用如下（張添洲，2013）：

1. 認清自我：認清自我是生涯發展的首要工作，千萬不能把自我的能力評估得過高或是過低，形成自大或自卑，應用誠懇的方法以

衡量自我的能力，腳踏實地的按照能力以完成工作，獲致成就。

2. 認真學習，充實自我：例如唸理工的人，畢業後參與工作，可先到國營或大型的公司工作，期間約三、五年。因為大型公司的工作要求較高，學徒式的嚴格啟蒙訓練，對日後的工作態度有幫助。同時，在大型公司的工作內容較廣且深，有利於工作經驗的吸收。

3. 積極主動推銷自己：要能把握住各種機會及善用各種管道以推銷自我，使大家對自己的能力有所了解，進而肯定自己，而達成願意幫助自己的希望。推銷自我的方法如主動參加社團、演講會、座談會、發表文章、創新發明、力求績效表現等。

4. 為人處事生涯定位：約在35歲前，可以遊走各家公司，以比較不同型態的工作環境的差異，增加歷練；在35歲後，就應該對自我的生涯定位，確定未來的發展方向，而不能再沒有主見了。

5. 不斷進修成長自我：在工作中，要能很快的領悟出現實與理想之間的差異，不能只拘泥於課本上的學識理論。唸書只是手段而已。要能靈活自我的思路，除了工作上的專業知識與技能外，還要涉獵其他方面的知識，如此的人才不會令人乏味。

6. 滿懷信心接受磨練：蔣經國先生說過：「最猛的風浪，淹沒不了一個有信心的人；最大的障礙，阻擋不了一個有勇氣的人；最逆的環境，困擾不了一個有抱負的人；最難的任務，壓抑不了一個有擔當的人；最苦的遭遇，阻止不了一個有志氣的人；最狠的敵人，打敗不了一個有決心的人。」

7. 拓展人際關係累積經驗：人際關係與工作經驗要日積月累而來，而非一朝一夕所能成就。

8. 創造自己的重要性：對於大家都敬而遠之但又有其重要性的工作，全公司只有自己會，公司就不可沒有自己，如此可突顯自我的重要性。

9. 努力工作，多元發展：生涯較完美的規劃應是十五年的工作前學習，再二十年的努力工作，另外的二十年，可以從事完全屬於自我想做的工作。

(四)生涯規劃核心

生涯規劃是個人透過自我、機會、限制、選擇與對結果的了解，以確立與生活有關的目標，並且根據個人在工作、教育與發展方面具備的經驗，以規劃具體步驟，達成生涯的目標；就個人而言，有了生涯規劃，便有了努力、奮鬥的目標，不再猶豫徬徨，不再迷失自我，不再消極頹廢，使生命有了意義，生活有了重心，變被動為主動，化消極為積極，進行進取以求自我的成長與實現。

生涯規劃以輔導學的角度而言：「為個人生涯的妥善安排，在此安排下，個人能依據各個計畫的要點，在短期內充分發揮自我的潛能，並運用環境資源以達到各個階段的生涯成熟，以完成既定的生涯目標。」核心歸納如下：

1. 做自我想做的事，喜歡自我所做的事；過自我想過的生活，喜歡自我所過的生活。
2. 生涯規劃是一種生活型態、生命意義的選擇。
3. 生涯規劃是一種自我肯定、自我成長、自我實現的手段。
4. 生涯規劃是個不斷探索自我與探索工作，抉擇並學習，以投入工作世界的工作。

(五)生涯規劃重點

「凡事豫則立，不豫則廢」、「船到橋頭自然直」，前者是基於積極的進取心態，後者則是消極的順其自然。從歷史的記載中，不難發現有計畫、目標、積極進取者的成功比例要較消極等待機會者大，則是事實。

生涯規劃在協助每個人整合個人的資料、外在環境以及對於未來的透

視能力，學會生涯規劃的技巧。並且對自我的認識再做釐清，重新對自我再確認。能正確的認識生涯規劃的理念，將有助於個人對生涯發展的規劃與實行，以積極進取的態度，使人生更加充實有意義。

生涯規劃重點如下（張添洲，2005）：

1. 認知覺察：發覺生涯發展困境，即對目前的生涯或工作有所不滿，或是不愉快。
2. 自我評估：重新檢討自我的工作態度、價值觀等。
3. 探索抉擇：善用各種資料，做出不同的抉擇，去除不合意的，對於合意的選項加以比較。
4. 統合整理：分析、權衡各項相關因素，如人、事、物、時間、空間限制等，重新評估自我的理念。
5. 積極投入：選擇確定後，努力嘗試，以追求目標的達成。
6. 付諸實現：克服困難，排除障礙。
7. 評估檢討：對於生涯的改變、決定，思考是否符合當初所期望的。

(六)生涯規劃要項

生涯規劃是對自我未來的妥善規劃與安排，杜拉克說過：「計畫本身毫無價值，但是規劃的過程卻是無價的。」「生涯規劃」簡單的說，就是對自我未來的一個規劃。是個人為因應社會環境的變遷，為使自我能夠預期並掌握前進的方向，所作的成長與抉擇。狹義的說，在於協助個人從符合其興趣、能力、性向的範圍內，尋得能夠滿足自我價值需求的工作。並且在學習、工作、家庭、休閒、職業及其間取得適當的平衡，方能在物質與精神方面皆能有良好的生活品質。

好的生涯規劃對人生的「下一個階段」會有正向積極的影響；能正確的認識生涯規劃的理念，將有助於個人對生涯發展的規劃與實行，以積極進取的態度，使人生更加充實有意義。

(七)生涯規劃實現

　　生涯規劃是注重生命的整體發展，其前身是職業輔導。因此，輔導的精神是其重心之一。生涯規劃是個人生活與工作的藍圖，重視及早訂定生涯目標，為個人生涯過程的妥善安排，並有計畫的加以實現以計畫一個成功的未來。在妥善的安排下，個人能依據各種要點，以充分發揮自我的潛能，達成既定的生涯目標。

　　由於文明進步，科技發達，社會多元發展，工商蓬勃起飛的結果，個人的奮發理念抬頭，自主意識及信心毅力更表現得十分突出；於是拋棄了「生死有命，富貴在天」的傳統宿命論，抱定「精誠所至，金石為開」的豪情，期能開拓自我燦爛的前程，並以自己的光與熱，為社會人群作出偉大的貢獻。

　　生涯規劃是有計畫的過程，其重點如下：

1. 了解自我、機會、發展限制與其重要性。
2. 訂定生活型態與生涯目標。
3. 達成生涯特定目標的工作、教育、與相關發展經驗。

(八)生涯規劃策略

　　生涯規劃策略，包含了解自我、確認機會、選擇目標、溝通修正、了解工作世界、認清問題、尋找資源、蒐集資料、列出方案、分析判斷、確認發展方案、付諸行動、評估回饋、修正調適等。具體策略如下（張添洲，2005）：

1. 認識工作世界：了解職業生涯，如職業生涯階段性、發展性與自我角色的發展性、認同性、開拓性。
2. 了解工作與職業生涯發展因素：如認識個人、內外在環境因素、組織環境因素、時間因素、家庭因素等。
3. 認識生涯規劃要點：如進行自我評估、蒐集生涯資料、檢視生涯發展機會、確立生涯發展目標、訂定行動策略、有效善用社會資

源、逐步執行實現等。

4. 了解生涯發展路徑：如參考他人的生涯發展路徑、檢討自我的可行路徑、創造適性的發展路徑等。

5. 認識生涯發展對策：如各種傳統與非傳統發展策略的運用、人生價值觀念的參考、一對一的生涯規劃等。

6. 省視自我生涯的定位：進一步地感恩惜福與回饋；面對理想與實際間的差距，虛心地再學習，或自在圓融地接納生命低潮，儲存能量累積實力，等待再出發的良機。

(九)生涯規劃過程

生涯規劃的主要過程如下：

1. 自我評估：對自我人格特質、性向、能力、興趣及以往種種經驗的了解與評價。

2. 生涯探索（career exploration）：係以自我評估的結果為基礎，而運用有系統的方式從事各種生涯資訊的探索，並從中篩選與自我生涯發展最重要的訊息。

3. 職業安置（placement）：統合分析自我評估及生涯探索的結果，而進行選擇最適合自我的職業工作角色。

任何成功者都是懂得規劃自我生涯的人，能仔細審慎的規劃符合自己能力、需要和理想的學習、工作、生活、家庭等生涯。唯有夢得夠深刻、想得夠澈底，才可能真正實現夢想；生涯規劃的歷程如下（張添洲，2005）：

1. 謹慎地自我分析：包括個人的夢想為何？希望自我生涯的最高峰在哪裡？個人的優點、自我最有利的專長為何？個人的弱點為何？什麼工作曾讓你有失敗的經驗或讓你極力的避免？哪些地方應加強？需充實哪方面的知識與技能，或加強自我訓練？

2. 個人想過什麼樣的生活？居住地點？理財觀念？家庭型態？休閒

型態等？

3. 在紙上寫下具體而量化所能想到的目標：包括短程目標、長程目標等。

4. 考慮自己，以及家人所希望的生活方式。審視前面鎖定的目標，是否能幫助個人達到所冀望的生活方式。

三、生涯規劃行動

生涯規劃，就是個人據以訂定生涯目標及找出達到目標的手段。重點在於協助個人目標與組織內的機會，達成更好的撮合，且應強調提供心理上的成功。在整個生涯歷程中，因為年齡及成長階段、環境等的不同，所扮演的角色及所擔負的任務也將有所改變。因此，在擬定生涯計畫時，必須審慎而周延的考慮到每個階段的需要，並使所訂定的計畫有足夠的彈性。

(一)生涯規劃認知

規劃，指的是經由檢討、分析、評估、掌控、統合而訂定的開闊步驟及發展目標，進而勾劃出未來的發展遠景與目標。「生涯規劃」簡單的說，就是個人一生中學習成長、為人處事、工作發展、經營事業、奮鬥不懈的指南針與動力。

真正的生涯規劃應該是深入去了解、探索個人的特質和生涯因素，從清晰的自我概念出發、去探討在社會因素之下，有哪些方向可以發展，進一步把自我的理想、潛能發揮得更理想、更澈底。

孔子的「三十而立，四十不惑，五十知天命，六十耳順，七十能從心所欲而不踰矩。」可說是生涯規劃的典範。由此可看出生涯規劃的認知：

1. 生涯的發展是一生連續不斷的過程。

2. 生涯包括了個人在家庭、學校、社會和工作、休閒等活動的經

驗。

3. 生涯規劃是有目標性和階段性的。

(二)生涯規劃類型

生涯規劃與抉擇,是持續性思考的過程,亦是實踐築夢踏實的開端。高中職階段正值渴望獨立自主的年齡,應親身參與自己的夢想工程,以體會成長的喜悅。生涯規劃的主要典型如下:

1. 塵埃落定型:此類型的人喜歡保守、安定的工作,生活不喜歡變化。喜歡與固定的人交往,習慣用禮俗相互交往。

2. 自我創造型:此類型的人喜歡不斷追求創新與變化,不在乎別人的支持與肯定,但能從小成就中累積自信,相信自己的直覺與判斷。

3. 資產創造型:以累積自己的資源與財富作為生活的目標,凡事考慮效益,喜歡有挑戰性的工作,人際關係較偏向互惠的功利取向。

4. 累進技術型:此類型的人較重視個人能力與工作相關技能的累積與提升,較不重視人與人之間的關係,凡事強調步驟與具體操作。

每個人對生涯目標的抉擇是不同的,但在生涯歷程中不會是唯一與孤獨的,仍有許多人有著相類似的軌跡,彼此是可以互相分享與支援的。

(三)生涯規劃影響因素

由於終身教育與終身學習的推廣,生涯發展與生涯輔導理念的倡導,使得生涯規劃受到相當的重視。經由生涯規劃,了解自我的生涯發展,使自己能在社會多元變遷、科技日新月異的發展過程中,不斷的成長與進步,能有效適應時代的變遷,以確保未來生涯發展的成功。

生涯規劃的影響因素甚多,含括個人、學校、家庭、社會、教育、心

理、經濟、政治、文化、科技、家庭、個人人格特質等，略說明如下（張
添洲，2005）：

1. 個人因素：性別、年齡、學業成就、學習動機、性向、自我概念
   等。例如：性別取向對於生涯發展的影響，影響於性別角色刻板
   化的職業印象和符合傳統性別角色的職業興趣等人格特質。
2. 學校因素：諸如：學校座落、學校性質、就讀類科、學校組織與
   氣氛、社區發展、師生互動關係、學校環境等。
3. 家庭因素：出生順序、家庭社會經濟地位、父母對職業與生涯的
   期望等。
4. 社會因素：主要為機會因素、家庭環境、教育系統、職業結構、
   就業市場、經濟狀況及社區資源、個人的周遭環境等。
5. 工作因素：工作性質、年資、環境、社會環境等；工作或環境的
   適應力，不但影響自我概念，也可能影響職業生涯志向、生涯適
   應能力、生涯決策能力，以及對生涯抉擇的勝任與滿意程度。
6. 生涯發展因素：源自於生涯發展本身，例如：生涯的成熟或適
   應、生涯決策型態與能力、影響生涯抉擇行為等。
7. 其他因素：疾病、意外、家人親友生死病痛等因素，人生難免會
   遭遇到各種困難、挫折、失敗等。重要的是在遭遇困難、失敗、
   挫折時，能努力、勇敢的重新站立起來。

不去努力實踐的生涯規劃，一切都是空無的。「知之深，不行之者；
說一丈，不如行一尺。」要想自我的理想、抱負、生涯規劃能夠實踐，最
重要的就是身體力行，只要不斷的努力、付出，一定會有所成就。

(四)員工生涯規劃

員工個人的生涯規劃，需要配合組織的經營目標，以有效達成，彼
此間具有相輔相成的功能。員工的生涯規劃是一連串自我檢視與自我評估
的過程，包括自我的分析、外在環境機會的評估、擬定生涯目標與行動計

畫、執行策略、實現計畫、定期的評估與控制，以修正個人生涯計畫。務實生涯策略如下（Stoner, 1982）：

1. 接受存在於個人與組織之間某些不可避免與不能妥協的衝突事實，亦即對組織有利益的事情，不一定會對個人有益，反之，亦同。

2. 認清主管對個人的生涯期望可能會表現漠不關心的事實，因此，個人必須將生涯規劃視為自己的責任，隨時主動、積極的進行檢視、評估、追蹤。

3. 分析自我的生涯目標：生涯發展並不意謂著只是職位的升遷，而是要追求對自我有意義的生活與目標。

4. 分析自我的優缺點：如性向、能力、價值觀等，須有一番透徹的了解，以切合實際需要。

5. 分析發展機會：組織提供的資訊、自我的觀察、主管的建議、同事的意見、家人的意見等，均可作為參考的依據。

6. 對組織政策的了解：如經營理念、未來計畫、營運績效等。

7. 規劃自我的生涯：在自我評估與機會評估後，擬定生涯發展計畫及可行的行動方案，以作為執行的依據。

8. 計畫的執行：擬定計畫後，付諸實際的行動，包括經驗的培育與累積、工作輪調、參與教育與訓練活動等，各種有助於能力成長的課程與學習。

9. 檢視自我發展：勞動市場、就業結構、工作環境、組織經營策略變化等，都會影響生涯目標。須定時檢視、調整行動計畫以因應不同的情境發展需求。

(五)生涯規劃應用

生涯規劃，為個人據以訂定生涯目標，及找出達到目標的手段，其重點在於協助個人目標與組織內的機會，達成更好的撮合，且應強調提供心

理上的成功。在整個生涯歷程中，因為年齡及成長階段、環境等的不同，所扮演的角色及所擔負的任務也將有所改變。因此，在擬定生涯計畫時，必須審慎而周延的考慮到每個階段的需要。

　　生涯包含著學習、發展、知覺、角色認知、探索、教育、工作、敬業等內涵。生涯規劃則是個人從內在、外在找到自我學習、生活、工作上的平衡點，選擇一種生活方式，把學習、工作與生活理想結合在一起。

　　每個人都將無可避免的要面對生命的輪迴，從出生到死亡，從成長到衰退，不同的階段各有不同的任務、不同的生活方式，也將面對不同的人、事、物。若能適切的掌握機運，生涯有規劃，則能有目標、有條理、有效率的掌握時間及運用方法。時間的充分運用，相當於壽命的延長，生命力的展現，進而確立個人存在的價值。

(六)生涯規劃精義

　　傳統的生涯規劃側重於自我想要什麼，就朝著所想的方向設定發展目標，偏重於主觀思維，欠缺宏觀的角度。定義為：「訂定人生的發展目標，具體且有計畫的執行或修訂目標，以成就圓滿的人生。」

　　現代社會發展一日千里，稍有不慎，個人的專業知識與技能很快就會跟不上時代的腳步；一心所追求的理想目標與個人的潛能長才，不見得保證能發揮或實現，也有淪於失業的可能性。

　　社會的發展已經進入既競爭又合作的時代，客觀的生涯規劃態度是新的趨勢，方能補強傳統生涯規劃，唯有多方位的觀察生涯發展與規劃問題，了解主觀、客觀之間的差異及衝突，進而制定可行的生涯發展策略，才是生涯規劃的重點，也是未來邁向成功的重要起步。

　　以新的生涯發展角度而言，生涯規劃的重點在於自我「擅於做什麼」，具備哪些優點與能力，然後找出競爭利基點及澄清自我的社會價值，進而團隊合作，發揮個人的最大長處，以成就自我。

(七)生涯規劃技巧

進行生涯規劃,注重的技巧如下:

1. 對於進行有效決定的了解與發展。
2. 培養本身能夠以自我了解為基礎,並對未來可能從事的職業進行相關資訊蒐集的能力。
3. 整合及評估相關生涯資訊的能力。
4. 了解當前的就業市場狀況,並能以上述所具備的能力為基礎,從事最合適職業的選擇。
5. 工作上的調適及生涯拓展,亦即藉由新的學習機會而使得個人的生涯獲利。

經由生涯規劃技巧,以充實下述生涯能力:

1. 工作能力:為從事相關工作時最基本的能力,如計算能力、注重安全能力等。
2. 可轉移能力:如規劃、分析、授權、面談、甄選人才、觀察、簡報、文字表達等能力,是每種工作都需要的能力。
3. 自我管理能力:如節制、適應性、自信心、守時、情緒管理、誠懇、敬業等。

(八)生涯規劃一二三

從生涯發展的角度而言,如何反求諸己,使生涯機會增加,工作保障更確實,則每個人必須對生涯進行設計,且要因應環境的變遷,隨時調整設計。工作生涯的一個觀念、二個重點、三項行動如下:

一個觀念:天生我材必有用之觀念。

二個重點:知識即是力量,專業是職場王道。

三項行動:勇於嘗試,盡心盡力做好每件事,努力學習的堅持。

(九)敬業態度

　　要達到人生的理想目標，需要努力與勤奮，唯有抱持敬業態度，腳踏實地的實踐理想，才是成功的基石。職場新時尚公式如下：

$$敬業＝能力＋態度＋精神$$

　　《遠見雜誌》、《天下雜誌》等每年針對國內企業用人重視的因素，做出排行榜，發現企業重視的前五大因素排名略有差異，但內容是一樣的，其中「敬業態度」和「專業能力」是主要核心。企業用人考量、重視的主要因素：

1. 敬業態度：社會過度追求功利，企業徵才時特別注重敬業精神。良好的敬業態度在企業界最受歡迎。
2. 專業能力：相關專業領域，最好具備專業證照，在待遇與升遷方面有較好的優勢。畢業學校也是考量專業能力的重要因素。
3. 團隊合作精神：能配合公司發展規劃。
4. 學習能力：學習能力強，可塑性就高。
5. 領導潛能：可培育為領導幹部。
6. 具有解決問題的能力：有良好邏輯思考、理性思辨能力。解決問題需要將許多已知的東西加以組織，運用這些知能找出解決方法或途徑。
7. 具有創造思考能力：具有創造性思考的人，能夠綜合其想法，產生創意，以及運用概念，以解決問題，有前瞻性眼光，具備願景。
8. 忍受挫折度高：抗壓性強，遇困境不退縮。
9. 國際觀：國際化時代，突顯外語與國際觀的重要。

(十)生涯規劃成功

人類的生存，脆弱、有限，甚至渺小與無奈等。因此，需要知道為自我的人生進行規劃，作思考與有所安排，使自我活得更有意義與價值。個人不能決定生命的長度，卻可以規劃生涯的寬度。生涯規劃重點如下：

1. 要想成功，最重要的是要有信心、要有希望。人有各種不同夢想的編織，唯有抱持希望、有信心才能腳踏實地、按部就班去努力實踐，使美夢成真。

2. 人的一生不是永遠都處於順境，必定會遭遇到各種困難、挫折、失敗等。重要的是在遭遇任何困難、失敗、挫折時，能勇敢的面對失敗，能夠再站立起來，不能一跌倒就再也爬不起來。

3. 身體力行最重要，不去努力實踐的生涯規劃，一切都是空無的。「知之深，不如行之者；說一丈，不如行一尺。」要想自我的理想、抱負、生涯規劃能夠有所實踐與成就，最重要的就是身體力行，只要不斷的努力、付出，一定會有所成就。

第二節　SWOTs分析

SWOTs分析是透過對「優勢（Strengths）、弱點劣勢（Weaknesses）、機會（Opportunities）、威脅（Threats）」四項因素的綜合分析，洞悉並列出這四點影響因素後，再加以分析，以作為策略（Strategic）制定的依據。對自己做SWOTs分析，會更加明瞭地知道自己的個人優點和弱點在哪裡。

一、SWOTs步驟

早期SWOTs分析主要是被企業界用以制定經營戰略的一種管理工具。逐漸有許多人將它應用在個人的生活決策上。例如：升學計畫、工作晉升、求職，或是甄選、面試等。

SWOTs的特色是：架構簡單且明確，且分析範圍包含內在與外在的因素，是一個相當全面的分析方法。透過SWOTs分析，可以讓分析者更深入地了解自己，看清自身的優缺點；同時，檢視外在的機會與威脅，即早決定回應方式，方能有效的把握機會，或是適切地迴避威脅。

(一)設定目標

設定目標是SWOTs分析的第一步，先了解自己想要什麼，期望達成什麼目標，訂定好目標後，後續的分析方不會有失焦的情況。含括各個期程之目標說明如下：

規劃類型	期程	目標
生涯規劃	15-80歲	就學與就業規劃等，規劃人生發展目標與理想，如升任經理、環遊世界、單車遊騎歐美10國
長程規劃	5-10年	較長目標，如成家、立業、單車遊騎歐美等
中程規劃	2-5年	升學目標與轉業，如購屋、取得3張證照、存款100萬、單車遊日本九州地區等
短程規劃	2年內	近期目標，如語文或技術證照取得、出國、職位晉升、單車環島等

(二)分析步驟

SWOTs策略與分析程序要與自己之規劃程序相結合，其步驟如下：

1. 進行自我環境之具體描述。

2. 確認影響自我的所有外部因素。

3. 預測與評估未來外部因素之可能變化。

4. 檢視自我內部之強勢與弱勢。

5. 利用SWOTs分析架構研擬可行策略。

6. 進行相關可行之策略規劃與選擇。

(三)生涯助力

1. 學習力：主動多元學習與進修，吸收與增廣各種資訊。

2. 觀察力：掌握主流趨勢，敏銳的觀察社會趨勢之發展，方能掌握先機。

3. 鞭策力：強烈的企圖心，持續深化專業，永遠不被取代。

4. 資訊力：資訊蒐集網路化，解讀轉換更搶手。

5. 挑戰力：不怕失敗，冒險衝刺的精神。輪調外派，捨我其誰。

6. 包容力：寬廣的心，廣結善緣增廣人脈，尊重團體效益，情緒得宜。

7. 國際力：語言能力國際化，第二外語不嫌多。

8. 創意力：多方思考與激盪，機動調整人生舞臺，滾石也能生苔。

(四)生涯能力

經由自我之SWOTs分析，充實下述生涯能力：

1. 基本能力：如數學、語文、溝通、協調等能力。

2. 工作能力：為從事相關工作時最基本的能力，如計算能力、注重安全、衛生等能力。

3. 可轉移能力：如規劃、分析、授權、面談、甄選人才、觀察、簡報、文字表達等能力，是每種工作都需要的能力。

4. 專業能力：相關專業能力，例如專業技能、電腦、機械、語文、烹飪等檢定與證照。

5. 自理能力：如節制、適應性、自信心、守時、情緒管理、誠懇等。

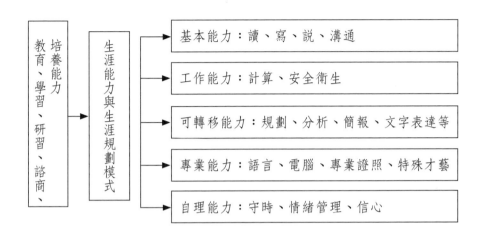

(五)星座風格特性

	星座	風格特性
土象星座	魔羯座	1. 很有責任感，開始工作就不停止 2. 樂於承擔更多的工作 3. 自顧自的埋頭苦幹，較不關心別人的進度或看法
	金牛座	1. 自有做事的方法和標準，不喜歡被別人干擾 2. 很有計畫性，凡事都會想清楚再做 3. 危機處理能力比較弱
	處女座	1. 嚴謹設定工作目標和流程，儘量避免所有可能發生的意外，讓事情維持在自己的控制下 2. 有無比的個人力和凝聚力，可說是成功者背後的無名英雄
風象星座	水瓶座	1. 不喜歡固定的事，驚奇和無法預測是一貫的風格 2. 喜歡規定進度，喜愛邏輯思考的過程更重於結果 3. 創意常都能為組織帶來利潤
	雙子座	1. 喜歡同時做很多事，危機處理能力很高，意見偏多 2. 反應迅速，見解透徹獨具創意，自由自在工作中遊戲，才能產生最大的作用

（續上表）

風象星座	天秤座	1. 冷靜有效率，且從不誇張與急躁 2. 能專心一致做事，做好計畫才行動 3. 在選擇問題間擺盪不定，不斷平衡與整合，希望有最佳結果
水象星座	雙魚座	1. 欠缺個人性，也不太會做計畫 2. 不會堅決的對抗困境，也不太有別人所謂的責任感 3. 具細心和創意優點，重視自己內在的理想國度
	巨蟹座	1. 懂得察言觀色，在工作環境中總能保持良好的人際關係 2. 做事中規中矩，熱心工作，接觸新職務時，很快就能進入狀況
	天蠍座	1. 凡事自有主張，不喜歡別人過問自己做事的方法 2. 工作時冷靜有效率，所以成果通常都比預期的好 3. 生性保守，做事謹慎，穩紮穩打才是他們成功必勝的祕訣
火象星座	牡羊座	1. 隨興所至，不按牌理出牌 2. 行動快速有衝勁；原則是告訴他要做什麼，但不要告訴他怎麼做
	獅子座	1. 具個人性，很重秩序，喜歡凡事按照計畫進行 2. 比較偏愛重要或困難的工作
	射手座	1. 喜歡具彈性工作環境，放鬆的自行其事，易獲得忠誠與熱情 2. 喜歡不按牌理出牌，常常質疑人家 3. 總是很投入工作，能用驚人的速度處理所有的事

二、SWOTs策略評估

在策略評估與分析時資料愈多元與全面、明確愈好，最好加註具體實例，作為補充驗證。

(一)S：列出優點缺點

1. 列出自己喜歡做的事情和長處所在和不喜歡做的事情和短處所在。

2. 列出自認為所具備的很重要的強項和對你的職業選擇產生影響的弱勢。

3. 再從中標出那些個人認為很重要的強項優點、弱勢。

4. 兩種選擇

   (1)是努力去改正個人常犯的錯誤與疏失，提高個人技能水準。

   (2)是放棄那些對個人不擅長的技能，要求較高的職業。

(二)W：評估自己長處和短處

1. 做一份表格評估個人喜歡做的事情和長處所在和不喜歡做的事情和短處所在。

2. 評估自認為所具備的很重要的強項和對個人職業選擇產生影響的弱勢。

3. 然後再從中標出那些個人認為很重要的強項優點、弱勢。

4. 兩種選擇

   (1)是努力去改正個人常犯的錯誤，提高自己的技能。

   (2)是放棄那些對個人不擅長的技能，要求很高的職業。

(三)O/T：找出職業機會和威脅O/T

1. 不同的行業都面臨不同的外部機會和威脅，列出個人感興趣的一兩個行業，然後認真地評估這些行業所面臨的機會和威脅。

2. 列出今後五年內最想實現的3-5個目標：希望從事哪一方面的工作？何種職位？薪資級別等？

3. 必須竭盡所能地發揮出自己的強項優勢，使之與行業提供的工作機會圓滿匹配。

4. 列出一份今後五年的職業行動計畫及達成上述每一目標的具體行動計畫。包括：具體做法？需要哪些資源和幫助？完成期程？階段性的評估條件與方式等？

(四)S：策略分析

1. SO策略分析（Maxi-Maxi）：屬於最佳與優先策略，要積極投入資源加強優勢能力，以爭取並擴大機會！自己內外環境能密切配合，自己能充分利用優勢資源，取得優勢增進好處，並擴充發展。

2. ST策略分析（Maxi-Mini）：是當個人面對威脅時，利用本身的強勢來克服威脅。投入資源加強優勢能力，以避免威脅或降低威脅！

3. WO策略分析（Mini-Maxi）：是個人利用外部機會，來克服本身的弱勢策略。要投入資源改善劣勢能力，以爭取機會！

4. WT策略分析（Mini-Mini）：當個人面臨困境時採用，例如必須進行合併或縮減規模等，要投入資源改善劣勢能力，以避免威脅擴大！

三、SWOTs分析例

SWOTs分析意指，同時分析個人的優勢（助力）、劣勢（阻力），以及外部的機會及威脅，進而提出可行策略。SWOTs分析，已經普遍用於企業發展策略上，又稱情勢分析。

(一)自我分析

利用SWOTs分析，可增進自我的了解，評估各種環境。優勢（S）與劣勢（W）意指個人自我條件的運用；機會（O）與威脅（T）則是指外在環境條件：

1. S（Strengths）長處：認識個人的長處與優點，如語文能力不錯、具備工程教育背景、電腦能力強、理性冷靜等；有如個人的資產，值得保留地方或有利處。

2. W（Weaknesses）弱點劣勢：爲自我弱點的檢視，面臨的困境或有待改進的地方。如高職背景、英數程度較差、內向、安於現狀、溝通協調能力有待加強、經濟援助弱等；類似於個人的負債。

3. O（Opportunities）機會：包含社會、組織內外的各種機會，如學長或同學推薦、親友介紹、轉業機會等，也是個人改變的契機或機會。

4. T（Threats）威脅：不利因素的威脅，如經濟不景氣、重視英文聽說寫、科技大學開放招收高中生、產業外移等。改變後可能面臨困境或難題。

5. S（Strategic）策略：對於生涯規劃與抉擇情境所給予的發展行動策略。

(二)SWOTs分析項目

個人生涯抉擇分析的主要項目如下：

1. 個人因素：自我特質、性向、興趣、價值觀等。

2. 教育因素：學校、類科、成績、經歷、專長、證照等。

3. 社會因素：社區發展、產業結構、工作需求、條件能力等。

(三)SWOTs分析原則

1. 自我本位原則：以自我爲本位，要考量現實世界基本需要、符合自我基本能力、性向與興趣等。

2. 整體考量原則：生涯抉擇應能獲得多元、整體的發展。

3. 彈性激動原則：因應個別需要，使能獲得最大潛能的開發，避免僵化的發展模式。

下表爲個人與學校之SWOTs分析：

	優勢（S）	劣勢（W）
SWOTs 個人自我分析例	1. 熱忱、親切、負責之個性 2. 英、日語文能力佳 3. 具有理性的溝通態度 4. 主修管理，輔修日文	1. 自我要求完美，常給自己壓力 2. 父母年老，外派不便 3. 缺國外遊留學之經驗
機會（O） 1. 多元班級與社團幹部資歷 2. 國際市場機會大 3. 具管理、領隊資歷 4. 活動策劃經驗豐富	SO策略 1. 語文能力可撰寫國際文案 2. 策劃時樂於溝通、協調 3. 積極學習與進修的心 4. 主動加倍付出獲肯定助力	WO策略 1. 參與服務社團，增進樂觀開朗 2. 在壓力下不規劃相關事務 3. 事前先作足準備，以免遇壓力而考慮不周
威脅（T） 1. 有相同條件年輕競爭者 2. 國外學歷有多位 3. 缺乏國際性專業護照	ST策略 1. 用理性的態度和對方合作 2. 展現自己比別人既有的能力 3. 比他人更願學習的態度	WT策略 1. 有壓力時避免作決策 2. 凡事提前準備 3. 規律生活與運動，增進身心健康 4. 主動爭取機會，突顯重要性

（續上表）

SWOTs 學校職訓分析例	強勢（s）	弱勢（W）
	S1 優良的教學環境 S2 經驗豐富的教學團隊 S3 技職學習成效佳（每人平均取得2.76張證照） S4 已有22個技檢場地 S5 主任等產學訓學經歷豐富	W1 尚缺乏辦訓經驗 W2 部分職類師資不足 W3 設備須逐步更新
機會O O1 鄰近多家工業區，就業技能需求大 O2 證照：就業基本能力要求 O3 交通便利：有大眾通輸系統 O4 師資設備優良 O5 畢業校友多 O6 職訓培訓需求大 O7 政府專案補助多	攻擊策略 S1O1 利用現有教學設施開班授課 S3O2 受訓後可直接於本中心考照 S2O3 運用教學成效，達到招生宣傳效果	補強策略 W1O1 積極培育中心辦訓人才 W1O2 運用現有教學經驗轉化為職訓中心辦訓能量
威脅T T1 同區有多家公民營訓練單位 T2 少子化的衝擊 T3 業管單位與主要客戶之區域有落差	預防策略 S1T1 注意行政效率，滿足學員受訓需求 S1T2 維持高水準訓練服務品質，達到高開班率 S1T3 以優良的訓練成果，取得委訓單位之青睞	迴避策略 W1T1 密切掌握市場需求，避免課程重疊 W1T2 落實訓練需求分析，提升開班率

第五章 生涯抉擇與管理

　　生涯發展與管理是指個人一生中連續的學習、成長、工作、服務等生活歷程，以發展個人對自我及生涯的認同。在發展過程中，個人培養其對生涯的認同，並且促進其規劃與生涯的成熟，而此終身的行為歷程和影響，引導出個人的工作價值、職業選擇、生涯類型、角色整合、自我和對生涯的認同。

　　生涯發展與管理是有計畫的策略，主要目的在於獲得經驗的成長與滿足，協助個人建立實際的自我觀念，且熟悉以工作為導向的社會價值觀，並且將其鎔鑄於個人價值體系中，藉由生涯選擇、生涯規劃，以及生涯目標的追求加以實現，期使個人能有成功美滿並且有利於社會的生涯發展。

第一節　生涯抉擇

　　生涯規劃的成功，基本要素在作自我的釐清，有效認識自我，從學習、實習、工讀、參觀等活動中，嘗試去了解外在世界，包括資料蒐集、分析及選擇，同時也試著學會如何面對問題、作決定及作短程的生涯規劃。如果想把一件事做好，然後用心把它做好，就是成功！

　　失敗只是成功的墊腳石，沒有真正的失敗，除非你放棄。從模仿到嘗試錯誤，從反覆練習到直覺反應，這是成功必經之步驟。要有勇氣去嘗試錯誤，要有耐心去反覆練習，成功是累積無數個嘗試錯誤與反覆練習的結果。在過程中不要計較成果，有了成果不要放棄再學習。

一、生涯抉擇

　　影響個體生涯抉擇的因素甚多，從鉅觀的角度分析，舉凡政治、經

濟、社會、文化、科學技術等方面的變遷，都有所影響；從微觀的角度來看，個人的自我概念、成就動機、職業抱負乃至於工作態度、工作價值觀等都會影響個人的生涯抉擇。

生涯抉擇，係指個人在面臨生涯方向究竟何去何從而猶疑不決時，謹慎考量與問題有關事項，仔細分析研究所蒐集到的資料，客觀的評量，預測可能的解決方案與其利弊得失，再做最後的選擇。

(一)抉擇因素

生涯發展的過程必須不斷的面臨生涯抉擇的問題與挑戰。即使個人充分掌握了自己內在特質與外在工作世界的資訊，也未必能做好生涯抉擇。因為，生涯發展所牽涉的因素甚為複雜，且是一連串的抉擇，任何一個抉擇都會影響往後的決定，也會受到先前決定的影響。因此，抉擇是綜合的發展取向，而非單一的事件。

抉擇的過程就是在主觀的動機驅使下，應用可能利用的資源，去做最適合於自己需要的選擇，影響因素如下：

1. 認識和確定所要作的決定。
2. 知道什麼對個人是重要的，並且知道自己要完成什麼目標。
3. 審查個人已經擁有的資料，並尋求和應用新的資料。
4. 確定和選擇可供選擇的項目、方案。
5. 確定每一個選擇項目的冒險、代價、成本等。
6. 發展一項達成所需要事項的計畫與策略。

(二)決定過程

決定（DECIDES）的過程以英文字母說明如下：

1. 界定問題（**D**efining the problem）：描述必須完成的決定，以及估計完成該決定所需的時間。
2. 擬定行動計畫（**E**stablishing an action plan）：描述將採取哪些行

動或步驟來作決定，如何完成這些步驟並估計每一步驟，所需的時間或完成的日期。

3. 澄清價值（**C**larifying value）：描述個人將採取哪些價值標準，以作爲評估每種可能選擇方案的依據。

4. 找出可能的選擇方案（**I**dentifying alternatives）：描述已找出的可能選擇方案。

5. 評價可能選擇的結果（**D**iscovering probable outcomes）：依據已有的選擇標準、評分標準，評價每種可能選擇方案的好壞。

6. 系統地去除各種不符價值標準的可能選擇（**E**liminating alternatives system atically）：比較每種可能選擇方案，符合價值標準的情形，最後從其中選取最能符合個人、組織理想的可能選擇。

7. 採取行動（**S**tarting action）：採取必要行動策略，以達成目標。

(三)抉擇影響因素

1. 需求：發現並發展個人的生涯需求、興趣、能力、專長。可從參加各種活動中發展較實際的自我影像。

2. 問題界定：抉擇在於解決問題或達成目標。先確定切確且具體的生涯問題目標和問題，如性質爲何？具體目標？應以客觀的指標表示。

3. 澄清觀念：分析自我的生涯價值觀、生活方式、有興趣的事物，及個人的需求與期待等。

4. 意見徵詢：蒐集相關的資料或向他人詢問，從不同來源蒐集資料，以利比較和相互印證，資料也力求以可評量的數據表示等。

5. 權衡得失：權衡分析各個可能選擇方案的利弊與得失，考慮各種可能的助力和阻力，及各個方案達成目標的可能性。

6. 選擇方案：依照前面分析結果，選擇最適宜的方案。就不同的方案訂定各種可行的方案，並排定優先順序，評析其成本與利弊得

失等。

7. 展開行動：作出決定，並訂定行動計畫。任何方案很難十全十美與百無一失，在基本態度上，應把持「興利」重於「防弊」的原則。

8. 評估結果：評估計畫實施結果，進行適當的修正。計畫、執行、評估是連貫的修正與改進，使計畫更臻於完善。

9. 彈性修正：社會變遷快速，生涯規劃與行動，須配合結果的評估適時的加以修正。

(四)生涯抉擇意義

在社會急遽變遷、職業性質與產業結構不斷的變化、生活方式與型態趨向複雜、多元的情況下，應更注重與工作有關的個人情緒、人格特質、工作環境等因素的配合。所以說，生涯抉擇並非僅限於工作領域，涵蓋了生活型態的抉擇。

經濟的繁榮發展，資訊的多元與豐碩，生活的富足，強化對各種學習、生活及工作目標的實踐。使人們愈關心自我的生活品質、重視自我的生命尊嚴與追求生涯的成就，開始邁向較高層次需求的追求與滿足，也愈來愈重視自己的生涯發展，以追求自我實現、自我潛能的開發、創造全新的自我等。企業界在人事管理與人力資源管理上，也將生涯規劃的理念融入經營管理策略中，期能「勞資雙贏」。

生涯抉擇的意義如下：

1. 協助培養正確生涯觀念。
2. 協助探索未來工作世界。
3. 協助生涯抉擇與規劃。
4. 協助進行生涯準備。
5. 協助進行生涯安置。
6. 協助進行生涯發展。

(五)生涯抉擇要素

　　每個人的學習、生活、工作中，有許多的情況需要個人抉擇，不管是個人、環境或組織，都有改變的需要與壓力。生涯抉擇，在強調學習「做決定」的能力，宜從日常生活中，對周遭學習、生活、工作、經濟等環境做一般性的了解，實際體驗個人對環境的認知，善用各種生涯資訊，轉化為處理事務所需的資源，發展生涯抉擇的基本理念與能力。有計畫的生涯抉擇要素如下（楊朝祥，1991）：

1. 自我覺知：覺知的產生，通常是個體對生命或生涯的某一層面感受到不滿足或不愉快而起的。這些不滿足、不愉快的情緒，會使個體感受到需要改變的壓力。

2. 自我評估：以自我的興趣、專長、信念、意志、態度、價值觀等進行生涯抉擇，以發展自我概念較一致的解決方法。

3. 自我探索：探索目的在落實對於情況和各種選項有充分足夠的資料，以達到最合理的結果。

4. 自我統整：進行生涯抉擇前，必須把所蒐集到的生涯資料和自己的資料統整。對多數人而言，探索統整的過程並非是平順無阻，在努力把自己的理想期望轉化到現實情境時，面臨了很多衝突。

5. 積極投入：由於自我不斷地覺知、改變、探索、統整，而到達了想要嘗試的地方，代表個人的抉擇是基於對自己及周遭環境的了解，與自我的生活互相契合。

6. 採取行動：當個人決定投入某項抉擇後，須以實際的行動或策略行動。需要蒐集資料，參加有關的教育或訓練。

7. 再評估：抉擇付諸採取行動後，學習與生活型態會有所改變與衝擊，需要一段時間的學習與調適。在抉擇或重估檢討時，必須隨時進行再評估，以因應環境的變遷。

(六)生涯抉擇步驟

生涯規劃與抉擇過程中，自我應積極從事不同經驗的活動，如校內外的社團組織、各種研習活動等，並與師長、同儕好友等一起討論，讓自我從各種經驗中認識自己的不同能力與興趣。每個人只要能有「承擔責任，珍惜榮譽」的理念，進而在工作中肯定自我，創造成就感，則不論在任何一個生涯崗位都是一樣的。事實上，任何人不可能永遠都做他所喜愛的工作，唯有喜歡他所做的工作，才能擁有快樂和諧的人生。

生涯抉擇，在於幫助個人了解自己，認識自我的特質與價值，並且認識真實的工作世界，體認外界環境的變遷趨勢，尋找出真正適合自己的工作，樂在工作，以激發個人潛能，展現活力，實踐理想。生涯決定是一連串知覺、分析、了解、決定、執行與修正的過程。步驟如下（張添洲，2005）：

1. 知覺生涯發展的重要：能了解生涯發展、生涯規劃、生涯管理的重要性，並且願意花時間，來規劃、決定自己的生涯。藉助各種管道以了解自己，在發展過程中不斷地修正自己的發展目標。唯有透過自我知覺，相信自己有能力規劃自己的生涯、生活，生涯規劃與決定才能產生動力。

   經常有許多人在有了生涯規劃的決定後，稍遇挫折就半途而廢，因此，做好生涯規劃與決定後就要有澈底執行的信心、耐心和毅力完成目標。

2. 了解自我：藉著對自己的能力、性向、人格、價值觀、興趣及生命成熟度的理解，方能尋找出或開發出自己的生活型態（life-style），以享受生涯的成就與生命的尊嚴。

   能力和興趣應是從小就可培養的，性格即是個人對事物的反應，價值觀則會引導學習、工作、生活、生涯的發展方向。所以一個成功的生涯規劃與決定等於能力、興趣、性格、價值觀、知識與技能的統合與調適。

3. 認識工作世界：個人除了要清楚地認識自我的特質，所身處的政治、經濟、教育、社會、文化等因素外，還要了解到職業的分類、內容、發展趨勢、所需的知識與技能、以及各項職業所需的人格特質、資格條件、市場結構、報酬等，蒐集資料愈齊全，對工作世界了解愈多，抉擇與行動愈能成功，達成找到適性的工作目標，以敬業樂群、負責盡職的態度，樂在工作。

4. 狀況評估：首先要依照自我了解，以及所尋找出來的生活型態，評估所需要的條件，再跟自我的條件進行比對，了解其適合程度或其間的差距；其次，依照自己的條件與可用的社會資源，評估填補其間差距的機會與需要付出的成本，如教育、訓練等。

5. 確定發展目標：在了解自我、認識工作世界後，接著整合各種影響因素，由主客觀的價值衡量，考慮本身條件、社會資源及機會成本，選擇一種或數個具體、可行的目標發展。並評估各種決定的可行性，修正方向後，尋找出一個具體可行的發展方向和目標。

6. 落實行動：一旦有了生涯決定後，就要努力負責的執行，因為「坐而言，不如起而行。」採取行動時，必須考慮自己既有的教育與訓練，是否能夠應付當前的狀況及工作所需？是否需要具備其他知識與技能，以體驗工作世界及人生歷練。其中最主要的是資源的有效利用與知識與技能的獲得，需要藉由學習、教育、與進修，以增進自我的能力，提升目標的達成機會，面對新知識與技能的挑戰。

7. 評估修正：經由生涯決定採取行動後，適時的考慮主觀、客觀的條件限制，適度的修正目標或改變策略。並定期評估行動的效果，給予個人、組織正面的回饋，以提升個人的自信與組織的期望；同時請求重要他人或組織的協助，方能有效的面對挫折與克服瓶頸。

二、生涯能力

生涯能力的成長，是個人身體隨年齡增加而改變的歷程，更是個體心理功能隨著年齡增加而拓展與向上提升的歷程。面對急遽變遷科技而且高度競爭的社會，若欲跟上時代而不被淘汰，並能在各類競爭中脫穎而出，就必須不時的自我探索、藉著反省、調整與學習來維持心智與生涯能力的持續成長，方能「創造自我，追求卓越」。

在生涯規劃的過程中，個人需要經由教育、學習、研習諮商，培養下述能力：

(一)工作能力

生涯抉擇與發展的情況則視活動、興趣、能力、傾向之間非直線性的關聯，由於該等因素的交互作用，而使各種型態更趨分化或使個人更接近某一型態。至於發展的層次高低受其智力、成就及自我評價等因素影響，引導個人選擇所需之技術能力水準與個人能力及成就相當的職業，若不了解各種環境，則將遭遇抉擇上的困難，若自我評價有矛盾現象，則其選擇將搖擺不定。

生涯可轉移能力含括規劃、分析、授權、面談、觀察、簡報、文字表達、規劃等能力；對已有的知識與價值認知轉化的能力，如辯證能力、邏輯能力、想像能力、理念能力、自省能力，這是個人內部之動態能力；個人經由情緒、感覺方面的了解，管理自我，情緒穩定，覺知敏悟，心靈豐富的表達溝通能力，如愛的能力、寬容能力。

主要工作能力如下：

1. 自我了解與評估的能力：包括發現自我能力、進行自我測試、角色摸索、及職業體驗等。
2. 體能、技能行動方面的能力：是個人身體，包括五官、四肢等協調運作的能力。

3. 情感方面的能力：是個人情感，例如：喜、怒、哀、樂等感覺的反應、運用、調適、發揮等能力。例如：幽默能力、辯解能力、控管能力、調解能力、察顏觀色能力、面對大眾能從容的能力、情感表達能力、說服他人能力等，是每種工作都需要的能力。

4. 謀職技巧方面：例如履歷表和求職信函的撰寫、面談技巧的應用等。

5. 專業知能方面：包括專業知識與技能的內容和範圍。

(二)自我管理與組織能力

主要為情緒智商（EQ）能力，如適應性、自信心、守時、情緒管理、言行一致、誠懇；問題解決的能力；組織系統能力：是個人知識攝取與知識系統形成、意識及價值形成的能力。屬個人內部的靜態能力。例如：分析能力、組織能力、架構能力、記憶能力、色彩運用能力、企劃能力、領導能力；溝通技術與意念實踐的能力：這是個人外向的應用能力與實踐創造的能力。例如：相似之辨識能力、直覺能力、想像能力、聯想能力等（張添洲，2005）。

(三)核心能力

依據科技、社會、經濟等未來發展的趨勢，生涯應該充實的核心能力應有：

1. 外語溝通的能力：因應國際化社會與地球村時代的來臨。

2. 資訊電腦應用的能力：網路應用、遠距傳輸、教學等能力。

3. 基本管理的知識：時間管理、知識經濟管理等知能。

4. 統計分析的概念：理解、綜合、分析、統整等基本認識與知能。

5. 熱絡的人際關係：多與人交往、積極互動，充實溝通協調能力等。

(四)全方位發展

教育部青年發展政策綱領，提供出全方位發展願景如下（教育部，2015）：

1. 健康力：身心求均衡，活力又健康：青年能身心平衡，擁有健康生活及培養規律運動習慣。
2. 創學力：學習有動力，生涯有方向：青年能獨立思考、自主學習並善用資訊，發揮創新與創意。
3. 公民力：參與零距離，社會真善美：青年能積極參與公共事務、關懷社會、尊重及理解不同文化。
4. 全球力——多元廣見聞，全球任翱翔：青年能具備國際競爭力，勇於迎向全球化挑戰，創造不凡成就。
5. 就業力——學用有專精，快樂就創業：青年能發揮所學專長，獲得合宜薪酬，開創屬於自己的志業。
6. 幸福力：居住能安定，成家好安心：青年能擁有合宜的安身居所，取得工作與生活的平衡，成就幸福家庭。

(五)生涯能力達成

生涯能力有效達成的方法有（張添洲，2005）：

1. 利用上課機會與老師、同學一起討論科技發展、資訊變遷、社會需要、經濟發展、教育機會、投資報酬、出路機會等時事，作為生涯決定等參考。
2. 積極參觀企業界與展覽活動，使自我能接觸真實的工作世界，並多與老師及同學討論，利用機會發表參觀心得，增進對專業的了解。
3. 多閱讀以技術起家的名人成功故事、傳記，肯定工作價值觀，進而充實自我的生涯專業能力。

三、生涯成功

(一)成功要素

　　沒有規劃與行動，一切都是空談。保持行動的方法就是確立目標並做好時間管理。成功的要素為（張添洲，2007）：

1. 要有成功的意志與心態。
2. 要有成功的方法與技巧。
3. 要有成功的策略與行動。

　　全力以赴的人每天帶著歡欣、愉悅、快樂的心情，態度樂觀、積極，充滿希望與信心。將生活當成是一種使命，隨時整裝待發。全力以赴的人對於消極的行為、惡意的批評、人性弱點，不會反應過度。一旦發現他人的弱點與缺失，不會趾高氣揚。

　　成功的要點涵蓋為人與處事。做事：肯努力、有遠見、有計畫；做人：要誠實、厚道、負責。成功人生的要點有：

1. 旺盛企圖心：有旺盛的企圖心，才能產生強烈的意願。例如：為了要脫離貧窮，就先要努力賺錢；為了要能出人頭地，就要加倍的努力等。
2. 專業知能：專業的知能，包括專業知識與專業技術能力，經驗與能力：光有理想、熱誠、企圖心，若是缺乏能力、經驗、技術，有如緣木求魚是很難成功的。
3. 積極投入：有濃厚的興趣與崇高的理想，即能執著與積極投入。成功不在於懂多少道理，而在於實現與執行貫徹的決心。
4. 講究方法：應用智慧，樂於請教師長及前輩等，虛心接納他人的意見，以找出更理想的方法。
5. 樂觀進取：樂觀進取的心態，有助於克服工作上所遭遇的困難。勇於面對挑戰，努力爭取成功機會。
6. 成功捷徑：經由仿效、模仿當代或是周圍成功者的優良特質與為

人處事要領，以學習成功者的優良特質與為人處事要領。

成功是由自律而來，沒有捷徑。有耕耘才有收穫的定理仍然是不可抹煞的法則。古諺：「為大於微，登高自卑」在於勉勵人們累積實力，更踏實、更進步的發展；成功者往往不會坐視命運的擺布，而能仔細的規劃自我的生涯。有意義、有價值的生涯，絕不是為了生活，而是為了堅持理想。

(二)生涯學習

生涯發展的動力來自兩大力量，一為追求快樂、成功的動力；一為逃避痛苦、避免失敗的動力。因此，生涯成功的動力，來自個人內在的生涯學習力量，對個人來說，生涯成功首先是要學習獲取生涯能量與動力的來源。

若是從個人知能的培養來看，透過生涯學習是要建立自我的成功特質，包括觀念的認知、技能、心態等三方面。首先，追求生涯成功的觀念有：努力創造價值、善用資源整合、化問題為機會、分享重於擁有、善用逆境力量、解放自我之設限。

生涯學習，需要講求方法，精打細算有效運用時間，更重要的是，找到有效的學習資訊與管道，關鍵在於懂得運用人脈的力量，如關係、資訊、經驗、智慧等，有效的學習方法如下：

1. 建立生涯學習系統思考模式：為自我的經常思考與規劃，一方面從自我生涯探討我想成為怎樣的人、生涯發展的關鍵思考；另一方面則要轉換心智模式來突破生涯瓶頸，包括：面對生涯難題、善用全方位生涯智慧、生涯探討練習、採用生涯規劃工具等。

2. 生涯規劃與自我對話：定期的透過自我對話，檢討自己的生涯發展現況與思考未來的目標與機會，可利用生涯檢核，了解自己的生涯發展狀況及意向。所要思考之問題為：了解自己的特質與條件、檢討自己的工作經歷、訂定事業和人生發展目標、把握目前

的學習、工作機會等。

3. 學習突破生涯難題：在真實的生涯情境中，每一次面對困境或有挫折時，要用新的看法來迎接新的挑戰。亦即轉換唯心智模式，將問題的出現視為機會，化挫折為學習與成長。畢竟成功往往隱藏在失敗及失意中，唯有挫折中擁有百折不撓的鬥志，才是生涯成功的基因。

4. 訪談前輩，請教生涯經驗：前人經歷的心得經驗是相當重要的，透過虛心的訪談與請教，不僅可獲得為人處事的精華，而且縮短生涯摸索的時間。

5. 建立生涯發展人脈：在學期間除了可以學習專業的知識與技能經驗外，更重要的是培植對自己生涯發展有幫助的人脈，例如：師長、學長、同學等。因此，生涯學習中要培養人際關係技巧，把人才當作寶貴的資源，有效的學習及運用，對於自我生涯成功會有提升的效果。

6. 參加相關教育訓練：參加校內、校外相關的生涯學習，透過研討、研習交流、思考，落實自我長處、短處的分析等。能與他人學習、交流、互動，愈能清晰了解自己的條件及生涯的目標。

(三)生涯成長

　　傳統生涯的認知、探索、陶冶、訓練、準備、安置、轉業、升遷等，已經不再是生涯規劃中的唯一指標，學習、生活、休閒也是其中不可或缺的元素。在此多元化、科技化、全球化、與現代化的社會裡，每一個人均有更多的可能性與選擇的機會去體驗生活與豐富生命，對學習、工作、事業、生活的規劃也有更寬廣的選擇空間。配合不同能力、不同年齡、不同個體內在需求與外在變化，而不斷調整的階段性是生涯成長的觀點。

　　生涯能力成長的歷程，可由自我探索開始，先自行了解自己當前的狀況，並能進一步自我接納和肯定；再觀察社會未來發展的可能情勢，訂定

生涯能力發展目標，如發現生涯能力有所缺失或不足，就應該立即設法調整改進或學習以求生涯能力的充實，當現狀與目標一致時，就完成了自我實現。

　　就生涯發展歷程來看，高職至大學階段為個人尋求自我肯定、決定人生發展方向、步入獨立生活方式以及為將來工作生涯作準備的時期。想要圓滿地完成階段性發展任務，就必須學習認識自己的能力、性向、興趣、需要、價值觀等人格特質，然後選擇適當的目標與途徑，掌握各種教育及職業資訊與機會，才能有效地作生涯規劃與準備，以發揮潛能，實現自我，完成生涯目標。

　　每個人的成長有其階段性、穩定性、多元性及持續性，由於不斷成長、不斷和環境交互影響，而不斷在改變、發展。生涯能力，可藉由累積以前成長的軌跡，讓自己清楚以後對未來的安排，才知道有所取捨。

(四)生涯啓示

　　生涯發展強調人格特質與社會環境間的調適、融合，生涯發展的啓示如下：

1. 生涯發展是終身性的歷程：生涯規劃與選擇，受到社會、文化、環境中眾多因素的影響，青少年生涯發展規劃，必須符合個人一生的需求而加以設計。

2. 適應生涯轉變：青少年生涯發展任務，含括要求個人因應生命的每個階段的轉變。幫助個人因應生涯轉變是促進個人發展時的主要概念。

3. 追求生涯成熟：生涯成熟（career maturity）是透過順利完成在一連續系列的生命階段之內的發展任務而達成的。此一連續體中的參考點，為生涯輔導方案的發展，提供有關的資訊。

4. 自我獨特性：每個人都應是獨一無二的：包含家庭、社區、教育、社會、文化等背景、經驗、資源等。在此脈絡中，價值、興

趣、能力與行為傾向，對生涯發展是重要的。

5. 生涯選擇與決定的穩定性：生涯選擇與決定的穩定性，主要取決於個人對個性、偏好、能力、價值導向等人格特質的強度與控制。符合個人導向的學習、教育、工作、生活環境，提供促使個人生涯滿意的管道。發現人格特質與生涯環境之間的符合性，是生涯發展的主要目標之一。

6. 終身學習重要性：生涯發展強調學習經驗的重要性，及其對生涯選擇的影響。生涯發展含括終身系列的選擇，藉由教導做決定與問題解決的技能，可協助個人做最適當的選擇。

7. 民主自由概念：提供了生涯發展在教育、社會、政治、經濟、文化等環境中探索其可能的選項，關注所有發展的層面。民主自由可能受制於個人內在來源，如害怕、缺乏信心、錯誤的態度、不良的自我概念發展、與行為的缺陷等。

(五)亮麗生涯路

　　成功人物在談到自己的成功祕訣時，都會提到自己立定志向，努力付出的艱辛歷程。對成功者來說，不論是學習或工作本身，都充滿了無窮的樂趣；所以，只要能作自己愛做、而對他人又有價值的工作時，就能掌握成功的機會。

　　生涯的發展，有順境也有逆境，要能抱持「得意事來處之以淡，失意事來處之以忍」的胸襟，就能走出自我的迷惘，開創自我的生涯。自己是生涯抉擇的主角，如何做明智正確的決定，建立在對自己特質與環境狀況的透徹了解。自己是個怎樣的人，擁有什麼，缺乏什麼，專長為何等，這些都是決定個人將來從事什麼工作，過怎樣型態生活，從事何種休閒的要素。路是人走出來的，工作與生涯成功要點如下（吳怡靜，1995）：

1. 避免情緒化：在受到刺激或疲憊不堪時，能夠避免情緒化，避免話中帶刺，是自我控制的最高表現，也需要絕大的勇氣。

2. 培養耐性：耐性是信仰、希望、智慧與愛心的具體表現，是一種積極的情感，而非漠視、沉默的忍耐或消極退縮。

3. 對事不對人：對事不對人和傳統自我價值的能力，是從自我的內在價值自然流露出來的。

4. 積極主動：具備前瞻性的選擇，經選擇後就應爲自我的態度與行為負責，不再諉過給他人或環境。

5. 信守承諾：許下承諾並信守承諾，將贏得對他人的影響力。言出必行的能力，可衡量自我的信心與誠意。

6. 關懷尊重：表現無條件的愛心關懷與尊重，會給人一種內在價值和安全感，並能加強對別人的影響力，更讓人信任。

生涯的發展，需要經由自我的認識而慢慢的肯定，進而改變自我，發揮自我，以創造新的自我。因此，每個人的前途是自己開創的，只要能善用時間，好好的規劃，成功固然喜悅，失敗也是種收穫，相信都能有所成長與成就的。

第二節　生涯管理

生涯管理的重點，在幫助了解自己的能力、興趣、性向、情緒智商（EQ）等，幫助自我了解外在社會、工作世界等。生涯管理重要的挑戰，是個人自我實現與調適的問題。人要活得自在、有尊嚴、有價值，在人生的每一階段都要有充分規劃與發展。但是，每個人的能力、背景、機會並不完全相同，必須因應情勢，妥善轉換，化危機爲轉機，秉持自主獨立的精神，才能建立合宜的人生價值觀，從自我規劃到自我實現。

一、生涯管理內涵

　　生活的目的、生命的意義，對個人存在價值的肯定，對個人生活方向的確定，是未來人類的一大突破。這種「生而為人」的體認，以增進對自我的了解，進而了解生命的意義並掌握自己，即是生涯管理的意義。

(一)生涯管理過程

1. 生涯管理是完成自我觀念的過程：主要是發展和完成自我觀念，包括個人的興趣、價值觀、性向能力的整合，並且藉由生涯選擇的生涯規劃，以及生涯目標的追尋，期使每個人都有成功美滿的生涯。強化對於自我優點、缺點的評估與認識。

2. 生涯管理是個持續變化而逐漸發展的過程：人的一生從幼年以至於老年的發展，隨著生理、心理的成熟，經驗能力的累積和自我觀念的成長，連帶的使個人對工作情況、職業選擇，進行不斷的適應和發展，均須借重生涯管理過程。

3. 生涯管理發展是種配合的過程：生涯管理隨時配合個人和社會環境的影響力，透過生涯目標的設定，計畫自我成長。一方面發展個人的特長，同時也配合著社會環境的需求，以達成「人盡其才」、「適才適所」的發展目標。

4. 生涯管理是一種增加選擇機會的過程：能將生涯行動有效的組織，使期能與生涯目標互相配合。強化對於工作世界的探索。每種職業都有特殊的條件，需要各種不同的能力和個性的人。因此，一個人可能適合多種不同的職業。而個人在職業上的發展，正是探求工作世界上更多合適的機會。

(二)生涯管理內涵

　　就個人而言，有了生涯管理，便有了努力的目標與奮鬥的方向，不再

消極、猶豫徬徨，不再迷失自我，能使生活有了重心，變被動爲主動，力行進取以追求自我的實現。因於每個人的心性及志趣不同，生涯管理的主要內涵有（張添洲，1994）：

1. 事業：包括工作與職業生涯，諸如：知識及技能的獲得、職務、貢獻與成就等。

2. 學習：包括學歷、終身學習、知識學習技能訓練、藝文活動進修等。

3. 家庭：涵蓋交友、情感、夫妻、親子及與家中長輩親友的關係等。

4. 休閒：包含物質享受、精神提升與生活品質增進等。

5. 健康：包括運動、元氣、活力、體能精神等。

6. 個性：涵蓋積極、負責、樂觀、理性、服務、開朗、親切、謙和、可靠、誠懇等印象之人格特質。

7. 人際關係：包含師長、同儕、親朋好友、異性朋友等的關係與工作上的人際相處等。

以上內涵並非一成不變，先後的次序及所占比例的輕重，常因人而異。重點是生涯管理要有價值觀念的考量及道德標準的權衡；價值觀念的考量可經由主觀的認知與決定，道德標準的權衡則需要依據客觀的狀況作取捨。

(三)生涯管理功能

充實自我專業自主知能，增進工作、生活等能力，以提升個人工作或是生活知能，都是生涯管理的重點，其功能如下（張添洲，2005）：

1. 成己：使自我具備了學習、工作、生活、休閒、情感、理財、心靈成長等層面的專業知識與技能、職業道德、敬業精神等。

2. 成人：經由個人而影響他人（家人、同儕、部屬等），使能獲得成長，表現優良的行爲，養成良好習性，增進知識與技能，提升

生活品格與工作效能。

3. 成物：達到自我尊重、尊重他人、尊重自然，關懷生態環境，萬
　 物和諧並存的目標。

(四)生涯管理與生涯規劃

生涯管理與生涯規劃關係如下圖：

```
              ┌─────────┐
              │ 生涯發展 │
              └────┬────┘
      ┌────────────┴────────────┐
```

生涯管理（組織）	生涯規劃（個人）
1. 與人力資源計畫整合	1. 評估個人自我能力、興趣、價值觀、優缺點
2. 設計生涯發展路徑	2. 分析組織內外發展機會
3. 發布生涯發展情報	3. 訂定短、中、長期發展目標
4. 公告職位出缺	4. 擬定達成目標之行動
5. 員工之評價	5. 執行計畫、實現計畫
6. 生涯輔導	6. 適時省思修正
7. 組織經驗的培育	
8. 主管的支持	
9. 教育與訓練計畫	
10. 新的人事政策	

二、生涯管理重點

面臨生涯的抉擇與規劃時，每個人都難免會有盲點，可透過生涯管理改善。經由各方管道充實在生涯管理方面的知識，是有其必要性的。

(一)生涯管理重點

生涯管理的進行，應當針對個人在不同的發展階段而有不同的目標。但不論個人處在哪一個發展階段，認識自己及認識工作世界一直都是生涯管理重要的方向。生涯管理的重點如下：

1. 增進自我覺知：自我覺知，是指個人對自己的清楚及認識，而且較強調個人感受的部分。認識自己的情緒，了解自己的個性，能促進其個人的成長。自我覺知能力較高者，通常也比較能夠觀察別人，比較能學著去體諒別人。此外，對自己的認識也包括了解自己的興趣及能力、優點及缺點，以及這些優缺點與學習、生活、工作之間的關係。

2. 培養正確職業觀念：正確的職業觀念，包括所謂的「職業無貴賤」、「行行出狀元」等觀念。避免對職業形成所謂的「刻板印象」，認為有些職業比較適合男生做，例如：工程員、司機、老闆等；有些職業則比較適合女生從事，例如：護理員等。多元社會男女是平等的。

3. 了解社會狀況：社會的進步與國民就業之間有密切的關係，有必要了解個人工作與社會經濟之間的關係，諸如生產銷售服務的流程及分配情形、社會上供需之間的關係，以及經濟景氣與失業率的關係，均對生涯規劃、抉擇等有所影響。

4. 增進個人對工作世界的認識：經由生涯的管理，可以了解工作者所具有的權力及其所應負的責任。

   社會上的各行各業，琳瑯滿目，如同萬花筒般，經由生涯管理可協助個人對職業世界做一簡單的分類，增進對工作世界的認識。

5. 學習做決定的基本技巧：思考自己未來要做些什麼，也可以試著為自己訂定短期的生活目標，而訂定目標與做決定的技巧有關，但平常學習與生活中的一些小事，諸如工讀考駕照、學才藝等，都可以試著配合生涯管理。

(二)生涯管理策略

社會的多元發展，經濟的繁榮，科技的進步，人類文明的提升，生活與生涯的意義，已經不再侷限於職業的安定、生活的溫飽，更擴大到個人

生命意義的實現，發展自我的潛能。生涯管理是生涯發展的實踐，經由師長、同儕等多方面的回應與回饋，將能對生涯有更全面性的認識與管理。追求生涯管理以達成自我實現的策略如下（張添洲，2005）：

1. 明確生涯的目標：能依照自我的性向、興趣、能力，結合師長、家長們的意見，訂定合適的生活與生涯目標，主動且熱忱的學習。

2. 正視問題：遭遇挫折、失敗壓力時，不宜有過度而持久的悲痛，要能正視問題的發生原因，能容忍壓力，有面對問題的能力，並設法解決問題。

3. 具有自知之明：充分的了解自我，包括自我的能力、優點、缺點，對優點知道得愈多，就愈有信心，愈能自我肯定，面對缺點則想辦法克服。

4. 培養專業知識與技能：從學習、工作中培養興趣，建立能力基礎，進而擁有一技之長。

5. 不斷自我充實：積極參與進修以吸收新知，以進修的態度吸收有關學習、工作上的知識與技能，不斷的充實自我，追求精益求精的境界。

6. 能自我接納：要欣賞並發揮自己的優點，並能接納自我的缺失與短處，以建立自我的信心。

7. 建立良好人際關係：能關懷別人，也接受他人的關懷，發展雙向的情感交流網路。

8. 善用各種資源：包含學校、家庭、社會等資源、尋求協助，包括工作上、心理上、技能上的協助資源。

每個人窮其一生總難免會遭遇到許多的困境與難題。個人若是能經一事長一智，不斷的進修以充實自我，將能愈挫愈勇，化阻力為助力，憑自我調適力的提升，使自己逢危機化為轉機，節節突破難關，步步站穩人生的道路，以擴展生涯發展。

(三)生涯管理層面

現代化社會中，個人熱切希望生活得有尊嚴、有價值、有意義，成長需求極為強烈，經由生涯管理的引導及回應，以建構多元、統整的生涯管理重點。生涯管理的層面有：

1. 知識層面：生涯管理知識層面，應先知己知彼，了解個人近程、中程與遠程的目標，了解生涯規劃的模式，了解自我的優點與缺點，進行職業訪查，評估就業市場，了解工作的內容、特色等。

2. 決策層面：生涯管理決策層面，應參考生涯決定流程圖、生涯抉擇單，幫助生涯管理，從個人物質得失、他人物質得失、個人精神得失及他人精神得失等方面考量。

3. 執行層面：生涯管理執行重點，在於先訂定具體、特殊、可評量、具有時間性，而且切合實際的管理目標。例如：定下五年內修讀碩士學位、高職畢業前獲得第二張以上職業證照等，並訂定行動計畫。

三、生涯管理要素

現代化社會中，個人熱切希望生活得有尊嚴、有價值、有意義，成長需求強烈，經由生涯管理的引導及回應，以建構多元的生涯發展路徑，達到生涯的開放、多元化、人性化、自主化、終身化，以統合自我成長與生涯發展。

二十一世紀是終身學習的世紀，未來工作、生活、企業界、社區及其他組織都將成為學習型組織，生涯管理的推動，增進自我的知能，強化生涯能力，使自己能在工作、社會、職業多元變遷、科技日新月異的發展過程中，不斷的成長與進步，以確保生涯管理的順暢。

(一)自我

　　對生涯管理來說，認識自己是相當重要的工作重點，可以藉由生涯管理來增進對自我的認識，可透過角色扮演增進自我覺知；經常思考：我喜歡什麼、我能做什麼、我有哪些優點與缺點、專長、興趣在哪裡、有什麼生涯規劃等問題。自我心理健康管理指標有：

　　1. 具備明確的自我觀念與和諧的人際關係。

　　2. 對學習、工作、生活，有適切感及成就感。

　　3. 生活的追求有方向、有目標、有期許。

　　4. 有效的情緒自我控制及道德之成熟。

　　5. 能夠接受現實的考驗。

　　6. 身心健康，有良好活動與運動習慣。

(二)環境

　　人可以藉由對周遭環境的認識來了解工作世界，例如：在課堂上讓學生扮演企業界或社區中的職業角色，如經理、領班等。此外，校外教學參觀、業界實習、職場體驗、研習進修、聽演講等，都是生涯管理可以探索的內容。

(三)工作世界

　　可以由平常所接觸的職業內容、特色、發展前景等進行探索與管理，例如：父母、家人、親友等所從事的職業；可以經由報章雜誌中蒐集工作世界資料；由大眾傳播媒介，發掘各行各業的基本要求、工作屬性、職能需求、專長條件、發展趨勢、成功條件等。

(四)教育與進修

　　未來工作與學校所學是有關聯的，學校所學僅是基本技術能力、基礎學科、專業科目等的基礎性內涵，唯有透過積極的進修、終身的學習，方能為工作、生涯、生活，奠定深厚基礎。

第六章 職涯規劃與發展

　　不論生涯或職涯之發展與規劃，都是每個人從幼到老、綜合一生的事，亦即人生從幼到老，每個生活與工作階段各有不同的發展需求與任務，且均在不斷的追求新知中，工作或是職業則爲整個生涯發展的重心。

第一節　職涯規劃

　　每個生命發展，皆有一定的階段與任務。因爲年齡與經驗增加，使職業生涯產生連續性、擴展性改變的歷程。

一、職涯

　　職業生涯發展過程持續一生，不斷受到與生俱來的特質以及後來生活經驗如價值觀、現實的環境、心理因素、身體健康、教育機會及成就等影響。人生中重要行爲發展包括：身體發展、社會發展與情緒發展、智能發展及道德發展等四方面，都與職業生涯的發展有密切關聯。

(一)職涯迷失

　　不當的規劃與發展認知，造成不切實際的思想與可能的迷失（張添洲，2007）：

1. 自我挫敗的陳述：表達了不當的自我價值觀。例如：成績不好、人際關係欠佳、在工作領域的表現很難有好成績等。
2. 絕對或完美的要求：當個人爲其行爲表現，訂定過度嚴苛的標準時，個人將爲容易形成自我批評或產生負面的自我形象。包含：絕對、除非、直到。

3. 負面經驗過度類推：基於過去負面經驗，以致認為有很多障礙造成將來的挫折、失敗、絕望的。例如：某人不喜歡我，其他人也受影響而不喜歡我。

4. 負面的誇大：擴大了事件的眞諦或現實。例如：商人都是貪婪的，老師都只喜歡成績好的同學；智力測驗將告訴我有能力做些什麼。

5. 不眞實的陳述：基於不適當或不正確的資訊。錯誤的資料扭曲當事人對現實的認知。例如：只有前三名的表現，才能考上大學或保送。

6. 人際關係冷落：漠視人際關係的影響性與重要性，不當的爲人處事風格。例如：默默耕耘，埋頭苦幹最重要；刻薄、尖酸的談話口氣；好人總有出頭天。

7. 對時間效果的忽視：忽視身心成長、成熟、時間的進展對經驗或事件所產生的效果。例如：謀職總是需要一段長時間。

(二)職涯重點

工作與職業是生涯的重點，發展的核心如下（張添洲，2013）：

1. 培養正面的態度：發展積極而非情緒性反應的態度，亦即需要主動、積極的精神，不要等待或有所依賴。錯誤有時帶來挫折，但它是成長的機會。

2. 生涯技巧是能夠、也是應該學習的：如果犯錯，應虛心檢討，避免重複再犯，否則會失去自信，而自信在成功過程扮演著很重要的角色。

3. 高瞻遠矚的眼光：試著將自己目前的遭遇放在整個生涯的架構中來看。利用這個時機成長、學習以及重新灌入新的生命活力。

4. 擴展人際網路：積極參與學習、研習、進修等活動，認識新朋友，增進新知識與技能。尋找可以教導、關懷、提攜個人的良師

益友。

5. 積極學習與成長：主動學習新事物、自願接受新任務、參加教育
訓練課程，或到大專進修，以拓展心胸，並且強化生涯條件。

6. 客觀評量處境：表現績效退步、與人衝突、壓力產生焦慮等，都
是需要注意的生涯警訊，不可忽略，方能防範於未然，化危機為
轉機。

7. 適時自我推銷：公開談論自我的表現與成就，以增加受注意的程
度，而受注意的程度可帶來成功。

二、職涯規劃

(一)職涯困境

個人跟組織，在發展過程中難免有高原期，產生發展瓶頸。生涯困
境若是長期存在，有可能導致生涯危機的現象，而影響生活、工作、情緒
等。職涯困境的產生原因有（張添洲，2007）：

1. 時間的因素：因於生活因素，在某個階段特別需要在某方面投入
較多的時間與心力。如工作的量或責任加重，待在家裡的時間也
相對的減少，事業與家庭無法兼顧，家庭因素的影響等。

2. 財務的顧忌：由於家庭中突然額外的支出，需要考慮另謀生財之
道，如兒女上才藝班或課外補習、家人的重病、結婚、購屋、懷
孕、生育子女等。

3. 體力的評估：因於年齡的增長，體能耐力逐漸減退，知動協調速
度增多，手腳靈活度與精確度衰退等。如年老眼花、痛風等。

4. 壓力容忍度：因於新局勢、組織或人事改組、市場激烈競爭、經
濟不景氣、政治變化等因素，工作者需要主動調整自我去配合或
是掌握新的發展情況。如績效的壓力、出現新的競爭者等。

5. 安全的考慮：工作性質與生命有關，例如跳上爬高、密閉、核

能、輻射、化學、高壓電等。

6. 工作關係的改善：因於工作上的競爭、個性的不和、生活上興趣的不同、工作搭配不良的延續等，造成同事之間親疏遠近之分。

7. 工作品質的提升：分工過程中無法掌握整個產品的品質，再者，分工愈細的工作，創新愈少。

8. 職位、薪資的變動：因於缺額、工作調整、升遷職位、薪資等主動性求變或強制性調動的影響。

9. 家人的期望：父母、配偶或子女等對於工作的性質有不同的看法，而興起轉換工作的念頭。

10. 社會價值觀和道德觀：社會常以房屋、車子、存款等，評量成就與表現。

生涯的困境在人生的發展道路上時起時落，雖然目前的工作路徑發展得相當順利，卻不表示未來就不會有生涯困境的發生。職涯困境的調適具有主動的意味，不只是主動地符合團體的條件，同時也主動去滿足個人較高層次的需求。

(二)機會評估

要想達成員工生涯發展，必須落實生涯規劃，亦即員工要對自我有充分的了解，包括個人的性向、興趣、能力、價值觀、工作表現與績效、工作經歷等，再配合個人的生涯發展階段與需求、家庭因素、組織發展等，以決定生涯的目標。

機會評估，係對所身處的工作生涯進行評估，以了解個人未來在組織內可能的生涯發展機會。評估重點包括組織的經營與發展目標、生涯發展進路、未來的職位空缺、相關的背景條件、組織提供、發展方案、人力資源系統等。

(三)擬定職涯規劃

　　經由評估與機會評估後，擬定具體生涯目標，分為短期、中期、長期發展目標，再根據目標擬定務實行動方案，目標與行動方案的擬定，必須與直屬主管、部門主管或人事人員藉由生涯面談與諮商達成。如此個人的生涯期望與組織的用人計畫及未來的發展，才不至於有阻隔或牴觸，導致負面或消極的影響。

(四)職涯發展執行

　　職涯發展執行方案（余朝權，1992；Herr & Cramer, 1988）：

1. 由直屬主管：以業務主管為例，如未來業務擴張後，需要營業、廣告、行銷推廣等主管，目前就讓不同的部屬分別發展。如未來的營業主管需做營業分析及培養領導能力，個性上也許要開朗、積極等，數年後，相關業務員都能成為該組織的重要幹部。

   由直屬主管擔任員工生涯輔導員，優點為對所屬員工有較深入了解，缺點則是對輔導的專業過程及相關技術較陌生，作業上須參考相關生涯計畫與輔導手冊。

2. 由人事部門發動：很多直屬主管並不具備生涯輔導的能力，組織也未適當獎勵主管進行生涯輔導。因此，人事部門就應該主動開拓生涯輔導的領域。

3. 讓全體員工或少數有興趣的員工參加生涯輔導工作室，接受生涯輔導顧問的服務。

三、雪恩發展系統

　　組織內生涯發展系統特質，包括了員工生涯規劃的協助，也包括一個撮合組織需求與個人需求的系統；生涯規劃是一輩子的事，呈動態發展；同樣的，組織成長也是動態的發展，會受到政治因素、經濟變動、組織體

質調適等變數的影響，需要不斷的改變、調適。常見的組織人力資源與生涯發展模式如下：

雪恩（Schein）從人力資源管理角度研究生涯發展制度的構成，建立組織的「人力資源規劃與發展系統」，並將其分為基本模式與實際運作模式說明（Schein, 1978）。

(一)基本模式

雪恩認為個人與組織都是社會系統中的一分子，社會系統的結構、文化、價值、成就標準，以及職業誘因與限制，都會影響到個人與組織的運作。因此，組織的人力資源規劃必須奠基於對整體環境的評估，包括勞動與就業市場特性、經濟、政令法規、安全衛生、退休政策等；個人的職業選擇與生涯規劃必須奠基於對自我的充分了解與機會的評估，包括家庭、生活、興趣、職業、教育等。

個人一旦進入工作世界後，必須要與組織的發展互相配合，包括招募甄選、教育與訓練、發展機會、工作指派、職業生涯異動、生涯諮商與輔導、獎賞報酬等；若是配合的過程良好，對組織而言，能提升生產力、增進員工的創造力等；對員工個人而言，除了工作滿足外，個人、家庭、工作等方面，都能有最好的配合與績效。模式圖如下：

社會與文化：
價值觀、成就標準、職業的誘因與限制

組織：
人力資源規劃是基於整體環境的評估

個人：
職業選擇和生涯規劃是基於自我和機會的評估

配合過程：
招募與甄選、教育訓練與發展、工作機會與回饋、升遷與生涯異動、生涯諮商、組織報酬

組織的產出：
生產力、創造力、長期效能

個人的產出：
工作滿足、安全、最佳個人發展、工作與家庭最佳的整合

✿圖1　人力資源規劃與發展系統的基本模式

資料來源：Schein (1990)；羅文基（1994），頁34。

(二)運作模式

運作模式基本上是由組織活動、個人活動、與兩者之間的相互配合過程所形成，具體內容有（羅文基，1992）：

1. 組織計畫與人力資源規劃：包括對組織的長短期計畫與其所需要人力資源的評估，以確實了解未來的人力需求情勢。

2. 現有員工績效評估與人力資源清單：針對組織內員工的工作績效，及其所具備的知識與技能水準與發展潛能作全面性評估，以掌握組織現有的人力資源。

3. 現有人力資源與需求差距的比較：將組織未來發展的人力需求和現有的人力資源狀況進行比較，以了解兩者之間的差距。

4. 具體人力資源計畫的擬定：根據現有資源與需求差距的評估，擬

定具體的人力資源計畫，包括現有人力的發展、重新配置與所需新近人員的僱用等計畫。

5. 員工自我評估與生涯規劃：輔導並協助組織內員工對自我及未來的可能發展機會，做深入的評估，以確定個人的生涯目標，及達成該項目標的具體計畫。

6. 員工與主管的對話：透過彼此的協商，使員工的生涯計畫能與組織的發展需求和人力資源政策相互配合。

7. 計畫的執行：推動並執行經多方協商、調整及修正後的人力發展計畫，包括現有員工的發展及新進人員的遴選等。

8. 監督、評鑑與再規劃：針對上述人力發展計畫的執行再加以檢討、修正，並將資料回饋組織及員工個人，以便調整相關計畫，以適應環境變動的需要。

四、賀樂發展模式

賀樂（Hall）認為生涯發展制度可以分為以組織為中心的生涯管理措施和以員工為中心的生涯規劃，彼此的關係相輔相成，相映成輝，並以「生涯發展活動光譜」（The spectrum of career development）說明，在生涯活動光譜中，組織、主管、員工分別扮演不同的角色，角色則因工作性質的不同而有所差別，並不包括員工生涯發展的所有活動，如下圖（羅文基，1994）：

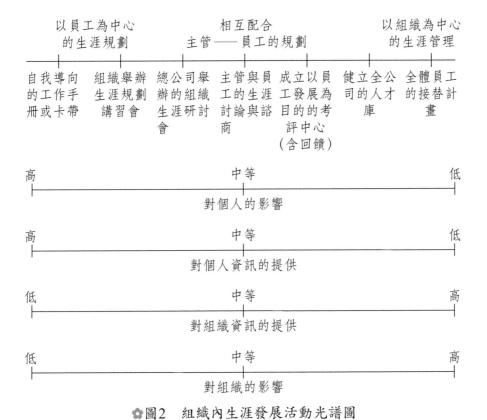

✿圖2　組織內生涯發展活動光譜圖

資料來源：羅文基，1994，頁38。

　　上圖中，左側係以員工為中心的生涯規劃措施，例如自我導向的工作手冊或是卡帶等措施，對員工個人的影響及資訊的提供占有重要的角色，且是屬於員工可以自我掌控的範圍，相對的對於組織的影響及資訊的提供就較弱，而且形成組織較難掌控的現象。因此，可以藉由組織或總公司舉辦的生涯規劃研習會來促進組織與個人之間的溝通；最後為將員工為中心的生涯規劃與組織為中心的生涯管理進行最密切的配合，主管人員必須擔負起溝通的積極角色，藉由與員工的生涯討論、諮商輔導，以共同推動組織與員工皆能認同的生涯計畫。

五、職涯輔導策略

　　組織員工生涯發展實施，要考慮因素甚多，在輔導員工進行生涯規劃時，要先激發員工致力於發展生涯動機，進行自我統合、家庭與工作的整體發展，並配合組織發展需要，才能擬定務實的生涯目標，具體的內容如下（羅文基，1992；Dessler, 1991）：

(一)激發致力發展生涯的動機

1. 生涯彈力（career resilience）：面對變革的彈力，個人在遭遇困難與面對挫折時，仍能維持高昂的意志力，可以迅速的激勵自我，重新迎向新的挑戰。

2. 生涯洞識（career insighte）：係對個人及環境的洞識能力，個人必須能以務實的觀點，分析自我及所身處的環境，作為設定個人生涯發展目標的依據。

3. 生涯認同（career identity）：為對個人生涯目標的工作、組織、專業知識與技能的認同，即是將個人的生涯發展融入整體的生涯目標。

(二)統合自我、工作與家庭的整體發展

　　每個人的生涯發展過程，必須充分了解自我在不同人生發展階段中所應面對的情境與需求，方能使生涯發展與自我的成長、家庭的生活、工作的需求，密切的配合。因此，生涯的規劃不只是意味著一連串的晉升，而是指計畫達成對自我有意義的生涯目標的過程。

(三)學校配合組織的發展需要

　　生涯發展的目標不只是限於個人的發展，組織能夠成長，員工個人的發展才有希望，彼此間的關係密切。因此，員工在組織內進行生涯規劃時

最重要的工作，就是要能充分的了解及配合組織本身的發展需要。

六、組織發展策略

(一)生涯定向

　　生涯定向（career anchor）又稱生涯之錨，是指由自我知覺的能力、動機、需求、態度與價值觀等所建構而成的職業自我概念，功能用以「引導、強制、穩定、以及整合個人的生涯」，潛藏於個人的意識裡，擔任驅策與強制生涯決定與生涯選擇的能力。因此，生涯定向，存在著結合個人的需求、價值、態度與能力，引導個人選擇特定的職業生涯。生涯定向要項（金樹人，1989；Schein, 1978）：技術／功能性能力、管理能力、安全與穩定、自主、創造力、基本認同、服務、權力、影響力與控制、變異性、英勇。生涯定向重點如下：

1. 自我需求的覺知：並藉由實際工作狀況的試驗或他人的回饋而得知。
2. 自我能力的覺知：可藉由不同的工作經驗達成。
3. 自我工作價值與態度覺知：有賴個人與組織的工作規範與工作評價達成。

(二)生涯策略

　　個人職業生涯的內在策略分類如下（Schein, 1990）：

1. 安全（security）：以安全導向的員工其特徵為選擇一個長久而穩定的工作環境，此環境必須具有優厚的福利措施與基本的工作安全。
2. 技術與職務的能力（technical/functional competence）：技術與職務能力導向的員工，願意接受實際工作的挑戰，生涯目標在於技術領域、職務領域或是工作內容的進展，而非將生涯目標定位於

管理職位上。

3. 管理能力（managerial competence）：以管理為導向的員工，具有分析問題、情緒穩定、及人際溝通技巧等能力，並能接受升任管理職位所需教育。

4. 創造力（creativity）：係以創造為導向，具有自我探求與接受專案工作的傾向。因此，常可在專案指派的工作場所中發現此類人才。

5. 自主（autonomy）：以自主為導向的員工，不喜歡對生活有太多限制、介入及太多不合理要求，較重視自由與自治的感覺，以便追求其專業或技術的領域。

第二節　職涯能力

生命的可貴在於它是開放、自主、創新、有選擇性的，透過職涯能力可以使自己有各種工作機會，增進職業技能，讓自我不斷的學習與成長。

一、生涯能力

美國未來學專家奈思比名著《二○○○年大趨勢》，提到二十一世紀中人類最大的突破不再是機器、科技、資訊等的發展，而是愈來愈多的人會體會到「生而為人」的意義。這種「生而為人」的體認，即增進對自我的了解，提升能力掌握自己，即是生涯發展與規劃的重點。

教育部於民國87年9月公布「國民教育階段九年一貫課程總綱綱要」，確定「生涯規劃與終身學習」為國民十大基本能力之一。延續至

十二年國民教育，生涯發展更是重要教育主題。

(一)生涯教育目標

　　生涯教育（career education）是由曾任美國教育署長的馬連博士（Sidney P. Marland）於1971年所提出的一種新構想。他認為生涯教育是全民的教育，從義務教育開始延伸至高等及繼續教育的整個過程，這種教育同時具備學術及職業功能，升學及就業準備。強調在傳統的普通教育中建立起職業價值，其目標是培養個人能夠創造有價值的人生，這是發揮教育真實價值的整體構想。

　　生涯教育發展課題基於十二年一貫課程之精神，在注重自我覺察、生涯覺察及生涯規劃，主要目標有（教育部，2016）：

1. 了解自己，培養積極、樂觀的態度及良好的品德、價值觀。
2. 認識工作世界，並學習如何增進生涯發展基本能力。
3. 認識工作世界所需一般知能，培養獨立思考及自我反省，以擴展生涯發展信心。
4. 了解教育、社會及工作間的關係，學習各種開展生涯的方法與途徑。
5. 運用社會資源與個人潛能，培養組織、規劃生涯發展的能力，以適應社會環境的變遷。

(二)生涯能力

　　在生涯規劃的過程中，個人需要經由教育、學習、研習、進修諮商，培養下述能力：

1. 自我了解與評估的能力。
2. 職業訊息的蒐集與分析。
3. 生涯目標的選定。
4. 生活型態的選擇。

5. 規劃的能力。

6. 問題解決的能力。

由上述生涯能力衍生出下述生涯技能（張添洲，2007）：

1. 適應性技能：係指個人於生涯、工作中適應物理環境、發展人際關係、適應組織文化等的勝任能力，例如：情緒管理、溝通協調、傾聽、互助合作、創新、挑戰、面對壓力與挫折、認真學習、衛生與健康保健等能力。

2. 功能性技能：係指根據個人喜好，在處理或從事生涯、工作、生活中有關「人、事、時、地、物」等不同功能取向的能力，及處理這些不同程度所組合的活動之勝任能力，例如：文書處理、服裝儀容、語文能力、電腦使用等能力。

3. 特殊性技能：個人在工作時被期待的特定條件，與明確工作內容及表現水準等所具有的獨特勝任能力，例如：通訊、醫療、能源、衛生、營建、電機、光電、工業與商業管理、生物科技、虛擬實境等專業的技術能力。

(三)生涯能力發展

1. 生涯導向階段：約於中學時，學校透過各科教學與輔導活動等課程，使青少年對周遭的生活環境有所了解，對職業環境有初步的認識。

2. 生涯試探階段：在使青少年對於工作世界做寬廣層面的接觸，在此接觸過程中，認識工作的狀況、特性。

3. 生涯選擇階段：有系統的逐步觀察青少年個人的偏好、學業成就、經驗與能力等，或透過諮商過程幫助個人選擇職業及未來的生涯發展。

4. 生涯準備階段：在職業訓練機構、高職、專科學校與技術學院實施。依其個人的生涯選擇，接受專職訓練，學習專業技能，以便

將來能順利就業。

(四)核心能力

美國勞工部特別將工作時所需的能力或技能，依性質的不同而區分為資料、人、事物。每項工作皆需要不同的能力和技能來完成：

1. 資料（data）：能從觀察、研究和解釋中所得到的事實、資訊和觀念等皆屬於資料。資料常是藉由數字、文字、符號與統計等形式來加以表現的。處理資料需要七種能力：綜合能力、統整能力、分析能力、彙集能力、計算能力、處理能力、比較能力等。

2. 人（people）：為與人共事、相處的能力。包括：顧問能力、溝通協調能力、教導能力、督導能力、說服能力、說明與示知能力、遵從指導的能力。對人際關係的建立、維持具有高度敏銳及處理能力，適合從事業務、人事職務，以及與客戶接觸頻繁的服務業。

3. 事物（things）：操作機械、設備、工具或產品等的能力。事物是看得見的，有形狀、大小或其他物理特徵。例如：建構能力、精密工作能力、操作與控制能力、發動與操作能力、操縱能力、轉動能力、接觸處理的能力等。

具極佳之邏輯思考架構，處理事情有條理，喜歡追究事情之前因後果，適合從事研究、行政管理、製造生產管理之職務。

二、生涯能力指標

(一)自我覺察

1. 發現自己的長處及優點。
2. 認識有關自我的觀念。
3. 了解工作對個人的重要性。

4. 探索自我的興趣、性向、價值觀及人格特質。

5. 了解自己的能力、興趣、特質所適合發展的方向。

(二)生涯覺察

1. 激發對工作世界的好奇心。

2. 認識不同類型的工作角色。

3. 世界的分類及工作類型。

4. 了解教育的機會、特性及與工作間的關係。

5. 了解社會發展、國家經濟及科技進步與工作的關係。

(三)生涯規劃

1. 覺察自我應負的責任。

2. 發展尊敬他人工作的意識。

3. 覺察如何解決問題及作決定。

4. 培養互助合作的工作態度。

5. 培養規劃及運用時間的能力。

6. 培養工作時人際互動的能力。

7. 學習如何尋找並運用職業世界的資料。

8. 培養正確工作態度及價值觀。

9. 發展生涯規劃的能力。

10.培養解決生涯問題的自信與能力。

(四)生涯能力評估

　　生涯能力評估，在對自我之生涯認知、生涯能力等作深入與全面性的認識了解，有助於建立自我較眞實、正確的生涯觀。生涯能力評估作法：

1. 心理測驗：尋求興趣測驗、人格測驗及各種生涯發展量表，協助自我較客觀的了解及擴展自我探索領域，促進自我認識，形成實

際的自我觀念。

2. 生涯諮商：個人在面對自我生涯決定時，常需藉助專業協助以釐清狀況。可藉由個別生涯諮商以協助自我澄清問題的情境、評量個人的觀念、態度、進一步自我覺察等，以協助做階段性的生涯決策。

3. 師長指導：透過學校師長的對談、指導，以增進自我生涯能力的認識、充實。

4. 同儕互動：經由同儕、好友間的互動交流與來往，認知自我的能力。

三、職涯成功

成功者不見得有過人的才智，卻往往有特殊的一種氣質，就是深信能成功，成功是要積極努力及爭取的。

(一)成功意義

成功，係指個人在學習、生活、家庭、工作、興趣、專業、休閒、事業等方面，充分發揮自己的潛能，實現自己的理想；生活得愜意快樂，走出自己獨特的人生路。

成功的自我意象，可以英文成功（SUCCESS）字根解釋如下（洪鳳儀，1996）：

S（Self-direction）：以自我為導向能清楚認識自我。

U（Understanding）：能知人、知境、知時，有自知之明。

C（Courage）：有勇氣，不怕苦，不怕難勇於接受挑戰。

C（Charity）：仁慈之心，懷有民胞物與的胸襟。

E（Esteem）：能自我尊重，也能尊重他人。

S（Self-confidence）：具有自信心與堅決毅力。

(二)職涯成功要素

1. 充分了解自己，有明確的工作目標：能為自己找到適合自己發展的方向，走出自己的一片天。目標愈清楚，個人才能依照目標，勇於負責的全力邁進，並便於必要時做彈性調整。

2. 專業的知識與技能，經驗與能力：良好的專業知識與技能，經驗與能力，是締造成功生涯的基石。

3. 旺盛的企圖心和努力不懈的精神：為了要達成理想，就要加倍的努力。企圖心是我們克服困難的勇氣，努力不懈是我們衝破困境的動力。

4. 能應用智慧，講究方法，不斷的創新與突破：能應用智慧使一般與專業能力與生產方法能有所突破與創新，如此才可以永保成功的未來。

5. 樂觀進取的心態，積極的求知慾望：有樂觀進取的心，才能讓人有勇氣去面對各項挑戰，努力參與各項的人生學習；能熱愛工作，不故步自封，能創新。

6. 有穩定的情緒與良好的人際關係：面臨挑戰能冷靜的思考，謹慎的判斷及行動。良好人際關係，以吸取別人成功經驗與優點，融洽地相互合作。

7. 澈底的執行，全力以赴：全力以赴的奮鬥過程中能自得其樂，凡事全力以赴，目標能隨著時空情境的不同而不斷的改變，以自我提升。

8. 有責任感與使命感：面對困難與困境，愈能激發個人的意願、潛能，朝向目標奮進。對組織或團體的忠誠：能把個人的時間、心血、智慧全心投入組織或團體內，能夠犧牲自我，爭取團體或組織的榮譽。

9. 主動合作精神，具有遠見：生涯的發展借助團體的團結合作才能成功。發揮合作的精神，從謙虛、誠懇、負責、敬業、樂群等做

起，不管擔任什麼職務或扮演何種角色，能放下身段主動與人合作。

10. 高度服務熱誠，具備犧牲奉獻的精神，認真負責的情操：本著犧牲奉獻精神，建立團隊的共識。主動積極從事，不推諉責任，縱然不慎有所失誤，也能夠挺身而出，不畏縮、不逃避。

11. 純正的處世風格，有貴人相助與提攜：為人平凡、名利平淡、做事平實積極的入世觀，在平凡中突顯偉大。獲得師長、同儕好友、親朋或主管等的指導、關懷與提攜。

(三)職涯成功實踐

1. 不斷進修成長自我：工作中，能很快的領悟現實與理想間，不能只拘泥於課本上的學識理論。除了工作上的專業知識與技能外，更要涉獵其他方面的知識。

2. 滿懷信心接受磨練：最猛的風浪，淹沒不了有信心的人；任何障礙，阻擋不了有勇氣的人；艱困的環境，困擾不了有抱負的人；艱難的任務，壓抑不了有擔當的人；凶狠的敵人，打敗不了有決心的人。

3. 拓展人際關係累積經驗：人際關係與工作經驗要日積月累而來，而非一朝一夕所能成就。

4. 努力工作多元發展：人的一生不只從事一項工作，大約是十五年的學習，二十年的努力工作，另外的二十年，從事完全屬於自我想做的工作。

第三節　職涯發展

　　職業生涯發展係經由一連串的階段所構成，包含個人整個職業生命中，學習、工作、生活、需求等要項。組織內員工生涯發展進路方案的目的，在讓員工可以對其下一個工作或職位預先進行準備，是組織依據工作分析、工作評價、薪資結構，以及人力資源系統、人事異動資料等，將相關的工作或工作經驗給予結合串連。因此，規劃職涯發展路徑時，應先確認下一個工作或職責，再依據現行的能力與組織未來的發展需要，擬定從事該項工作所需要的教育、訓練、工作經驗等策略，以激勵職涯發展。

一、職業能力

　　能力，是指達成某項事情所需要的知識與技能。職業能力是影響職業生涯抉擇的主要因素。職業能力是可以加以培養的，一個人若有較高的興趣和成就動機，經過努力假以時日，將能有所成就。

(一)職業能力

　　隨著時代的改變，工業革命之後，人類的物質生活獲得極大的改變，教育普及，文化水準不斷提高，突顯生涯能力發展的重要性。一般的職業能力為（羅文基，1994）：

1. 普通能力：普通能力即是所謂的智慧能力，是一種學習的運用符號、抽象思考、及問題解決的能力，為學習任何事情最基本的能力。如說明與指示能力、比較能力、綜合能力等。

2. 特殊能力：每個人都或多或少具有特殊能力，特殊能力對職業生涯的抉擇有重要的影響。特殊能力有的是與生俱來，有的則來自於後天的學習。如精密工作能力、建構能力、計算能力、說服能

力、分析統整能力等。

(二)自我管理技巧

　　能關懷社會、溝通良好、具說服力、有所堅持、樂觀、有活力、有創意、懂得包容、不斷學習、資源有效整合、重視團隊合作、激勵他人、寬闊眼界、不斷超越自我、自我實踐等。

1. 了解自我、教育、職業機會的能力。
2. 改善基本的學習能力，充實自我能力。
3. 了解各種職業的功能，認識工作世界能力。
4. 為能創造多元的思考方式，對於不可知的未來，有較大的彈性迎向挑戰。
5. 發展和應用有意義工作價值之觀念。
6. 尋找、獲得維持工作的能力，不斷學習與成長能力。
7. 培養良好工作習慣能力。
8. 從事有效的休閒活動之能力。

(三)人際相處技巧

　　人際相處技巧，不是要你當好人，假惺惺，或是故意塑造個人特質。每個人待人之道各有不同，一個人對同事的態度如何，尊重與否，直接影響到其言行舉止、工作表現。要評估一個人對現在學習表現或是未來的工作態度，看他與同學、老師、家人、或是上司的關係最準。如果彼此之間能夠相互尊重，禮尚往來，那真是最理想的。所謂人際相處技巧，其實就是將心比心，「己所不欲，勿施於人」的道理。

　　能以身作則，尊重他人，保持開放的胸襟，親切待人，同時維持專業知能，謙恭有禮，並有效管理時間。能學習處理意見不合，且能不感情用事，才是成功的職涯規劃。人際相處技巧發展要點如下：

1. 情緒洞悉能力：能察覺自我的情緒和感受的能力，特別在做重大

　　決策時，決不能讓情緒掌控自己的理性，做出錯誤的判斷；情況
　　愈是危急，更要冷靜的處理自我的情緒，以激勵自我向前邁進。

2. 人際領導能力：懂得有效溝通的藝術，能察覺他人的情緒反應，
　　洞悉彼此間的真正需求，樹立自我的領導魅力，掌握人心。

3. 情感親密能力：成功者常是一個兼具理性、感性的性情中人，容
　　易與人打成一片，建立情誼能力。

(四)生涯技巧

　　隨著科技的發達與社會的變遷，新時代應具備的生涯技巧如下：

1. 電腦與資訊運用知識與技能。
2. 網路使用知識與技能。
3. 理財或預算控制知識與技能。
4. 壓力與時間管理知識與技能。
5. 人際關係與溝通知識與技能。
6. 組織動員或協調知識與技能。
7. 公開演說或口語表達知識與技能。
8. 文字閱讀或文書處理知識與技能。
9. 外語或方言知識與技能。
10. 創意開發或發明知識與技能。
11. 服飾儀容與裝扮知識與技能。
12. 運動與醫療保健知識與技能。
13. 心靈成長與心靈陶冶知識與技能。
14. 健身與休閒娛樂知識與技能。
15. 親子互動與家庭和諧知識與技能。

(五)新職業倫理

　　新時代的知識工作者應該遵循新的工作倫理，才能符合新型組織的運

作，新工作倫理三個層面的意涵如下（吳思華，1995）：

1. 在經濟層面上：每位工作者或小群體均應確信自己的報酬，是來自於對組織的附加價值，而不是在組織中的權位。
2. 在專業工作上：則應充分發揮專業倫理、信守本身的承諾，以最大的努力完成工作，不因工作的指派者或委託者身分的不同，而有不同的投入程度。
3. 在社會層面上：組織成員應接納每一位共事者的夥伴，不論是辦公室兼職的同事、策略聯盟的友廠、還是公司的經銷商、供應商，都應該彼此信任、相互尊重，形成一個可以不斷學習與成長的工作團體。

二、職涯發展

職涯規劃，就個人而言，增加工作滿意度，提升個人的能力，激發潛能，及增進自我成長與自我實現；對組織而言，能吸引優秀人才，留住人才，提高生產力，增進工作及生活品質，提升組織的形象等。

(一)職涯概念

早期學術界或企業界多將員工的生涯（前程）發展定義為單純的生涯發展與規劃，新的職涯觀念如下：

1. 組織生涯非但強調在生涯過程中的教育、訓練、發展，亦強調在進入生涯過程前的教育與訓練。
2. 組織生涯表示組織與個人之間的一項約定，雙方均預期可以經由有計畫性的改變對方而有助於自身目標的達成。
3. 組織為促使組織目標的達成，應該設法發展可以激勵員工個人追求自我成長與發展的計畫與策略。
4. 組織應設法為員工在生涯發展中的角色做最佳的定位，提供對員

工的生涯諮商、教育與訓練、績效評估等工作。

(二)職涯進路

職涯發展即是員工在組織內的生涯發展。以發揮員工潛能,讓員工生涯目標與組織的目標緊密結合在一起,讓員工個人對於前程的期望能跟組織的職位需求相配合。以發揮人力資源的效用。職涯發展進路,可分為兩大類(Stone, 1982):

1. 傳統生涯發展進路:係依據組織過去對人力資源的需求而設計,根據員工以往職位調升的方式規劃,升遷都僅限於傳統的職能範圍或某個部門。

2. 行為的生涯發展進路:係依據工作的相似性分析,將相似性較高的工作組合為工作群,再依工作群規劃出合理的升遷路徑。

(三)職涯歷程

1. 新進員工發展歷程:初入組織透過新進人員的訓練,以引導員工了解組織全盤制度、規範、發展方向、前瞻性、認知工作性質、工作崗位等知識與技能,以激發學習及服務的態度與精神。

2. 基層幹部發展歷程:工作三、五年後,表現優異者遴選接受基層幹部的培育訓練,以啟發管理能力、培養工作教導、工作分析、溝通協調、增進生產技巧,提升素質,以認識幹部應有的認識與責任。此階段約為領班的職務。

3. 中堅幹部發展歷程:基層幹部工作三、五年後,表現優異者升遷中堅幹部的培育訓練,以培養組織與經管理論與應用、品質管制、會議主持、邏輯思考、創造能力等。此階段約為組長、主任職務;或是自立門戶,奮發圖強。

4. 高階幹部發展歷程:中堅幹部任職三、五年後,表現優異者晉升接受高層幹部的培育訓練,以深入組織管理、決策領導、危機處

理、人際溝通等知能，如授權的藝術、財務分析、工作分析、市場調查、諮商輔導等能力。此階段約爲經理、副理、廠長等職務。

5. 經營領導者發展歷程：高階幹部任職三、五年後，表現優異者晉升爲經營領導者，獨當一面領導群倫，經營領導者重視授權分工、決策、危機處理、財務分析、財經情勢預測等能力。此階段爲總經理、董事等職務。

(四)職涯內容

職涯發展活動之主要內容如下（張添洲，2007）：

1. 組織之設計：做好員工前程發展，包含經營目標與發展策略，好讓員工知道組織及個人未來的發展遠景，以作爲未來規劃與努力的目標。組織則進行人力資源評估與規劃，並進行人才的培育。

2. 職掌之確立：做好績效評估，協助員工自我評估與諮商。

3. 明確職位分類與說明：有明確的職位分類與說明，才能清楚了解每項職位資格、條件及專業知識與技能等，以衡量工作表現，做到適才適所的目標。

4. 升遷管道制度訂定與執行：即是職位升遷路徑的設計與制定。組織內缺乏明確的升遷路徑，員工無法進行自我的前程規劃。升遷制度要能夠公開、公正、公平的執行，才能落實員工前程發展。

5. 評估員工性向、能力及潛能：讓組織及員工都能了解人格特質、專長、能力，優缺點，進而提供員工最適切的發展建議，提供發展的管道與機會。

6. 落實教育與訓練：組織有了升遷發展路徑與制度後，接著爲讓員工有教育與學習成長的機會，以激發潛能往上晉升。有時候爲了人力資源的需要，也需要強迫員工接受某些必要的教育與訓練。

7. 工作輪調制度：以增進員工接受磨練的機會，及往另外的職級上

發展，增進組織的人才培育。

8. 員工生涯與前程諮詢及輔導：有些員工缺乏自我評估及生涯發展
的能力，組織裡的主管或專業人員，需要協助部屬做好前程規
劃，給予必要的諮商與輔導。

9. 員工資歷建檔、管理與應用：包含個人的學經歷資料、教育與訓
練資料、升遷調動資料、考績資料等。由各種資料中可以了解到
員工需要的教育與訓練。

(五)職涯任務

職業生涯的發展，應該由個人與組織雙方面著手。對於組織而言，希
望能掌握員工職業生涯的進展，期望員工均能在工作崗位上能有效的發揮
其潛能，以達成工作目標，對組織有所貢獻；對員工而言，則是希望自我
所追求的生涯目標，能獲得組織的協助而圓滿達成。如何使組織績效與個
人成長相輔相成，便是組織人力資源發展的主要任務。

有關組織內員工職業生涯的要項為：人力資源需求規劃、工作分析、
人事聘僱作業、教育與訓練、工作績效評估、薪酬制度與管理、安全衛生
與保健、勞資關係、激勵措施等。其任務如下（張添洲，1999）：

1. 建立個人與組織之間相互承諾：經由職業生涯的推展，建立起互
信互諒的關係，促使勞資雙方彼此關注需求與期望。

2. 培養長期的職業觀：為有效執行職業生涯發展與規劃，組織會以
長期觀點審視營運目標、發展策略、勞資關係等；員工則慎重考
慮未來的需求與期望。

3. 減少人事作業，降低成本：積極進行職業生涯，將防止員工流
動，避免員工流失，減少招募、教育、訓練等費用。同時，使組
織能維持人力資源的素質。

4. 強化員工再教育功能：透過勞資雙方對職業生涯發展的規劃，員
工將可避免成為落伍者，組織可維持良好的人力資源。

5. 確保組織的有效運作：有了良好的職業生涯規劃，經由組織適當的教育與訓練，將有助於提高工作意願，提升工作效率，以達成組織發展的目標。

6. 幫助員工達成自我發展的目標：個人的工作目標，是導引個人進入組織的原因，而職業生涯發展可使員工對於目標有進一步的了解，進而激發其潛能。

(六)職涯階段

職業生涯主要階段如下：

1. 生涯決定：個人必須具備發展與評量其生涯選擇，如決定從事何種職業，與工作適切性的能力。

2. 工作找尋：影響工作選擇因素包括興趣、個人才能、經驗、家庭經濟狀況、工作地點、薪資報酬等。

3. 生涯發展：進行一系列學習、工作、家庭、生活等活動。

4. 退休：約在65歲左右，邁入退休階段，身心逐漸衰退，調適生活。

三、職涯發展階段

職業生涯發展階段，說明如下（楊朝祥，1991；金樹人，1992）：

(一)起——入行階段：特徵為白手起家，嘗試錯誤

又稱探索階段（exploration stage），係指個人在進行自我測試，角色摸索、及職業嘗試時期，通常是在剛踏出學校，踏入社會尋求第一個工作的階段，也是職業生涯的正式起步。此階段類同於艾瑞克森（Erikson）的青春期（adolescence），是一個人常識確立自我的時期，或稱為「進入成人世界」的時期。

由組織立場看來，此一階段通常是較高流動率的時期。其發展任務為：

1. 完成初步職業選擇，當做生涯起跑基準，籌劃下個生涯目標訓練或進修。
2. 圓一個看得見的夢想：從職業或組織的環境中，去展現自己的才華、價值及企圖心，讓少壯的理想在工作生涯中實現。
3. 接受第一個工作所帶來的現實考驗。
4. 洗盡學生時代書卷味，爲準備接受組織文化的洗禮。

(二)承 —— 表現階段：特徵為駕輕就熟，初露頭角

又稱建立階段（establishment stage），係由工作上的成就與發展所構成。建立階段，個人會不斷的追求工作表現與績效，並且建立自我在組織中的穩固地位使個人與職業、組織內外人員皆能維持良好的人際關係。此階段類同於艾瑞克森青壯年階段（young adulthood）。

表現階段承接第一個階段的生澀與摸索，經驗不斷累積，對環境逐漸熟稔，處世交友漸趨圓暢，工作能力充分開展。上司漸漸能放手交付責任。個人不但注意工作績效，展示專業能力，同時逐漸培養聲譽與聲望。發展任務爲：

1. 接受並熟習於企業組織的特殊文化，涵泳在其中，進出自如。
2. 處理並克服抗拒改變的心態。
3. 學習如何恰如其分的在職位上充分的發揮潛能。
4. 周旋於上司與同事間，游刃有餘於薪資報酬之外，追求卓越。
5. 認同組織，在組織中尋得定位處，安身立命。

(三)轉 —— 中年生涯階段：特徵為獨當一面，重責大任

又稱維持階段（maintance stage），係指個人與組織間的關係，及個人的工作績效非常穩固，達到高峰，個人轉換職業的需求相對降低，顯示

個人的生命歷程已進入中年期，個人的職業生涯有可能繼續成長，或是持續穩定，抑或衰退，端視個人的克服壓力。此階段類同於艾瑞克森的中年期（adulthood）。

此階段步入個人生涯的中途轉折點，是身心變化較爲劇烈的時期。工作性質已經由執行層次提升到管理或策劃層次，結合組織的目標與個人的專業理念，交付屬下貫徹及執行。觀照的焦點由自我的微觀擴展到他人的宏觀。發展任務爲：

1. 發展生涯之錨（career anchors）。
2. 專才取向或是通才取向。
3. 解決中年危機的困境。
4. 克服高原期的停滯。
5. 面臨退休的心理準備。

(四)合──交棒階段：特徵爲幾朝元老，提攜後進

又稱衰退階段（decline stage），係指個人進入退休階段，若是能有妥適的安排，在此階段可以再創人生的第二次生涯，否則缺乏適當的心理準備，會發生適應困難的問題。此階段類同於艾瑞克森衰退期（senescence）。

此階段由中年生涯跨入另一個較爲平穩階段，立功立德，面臨交棒時刻。工作性質已屬顧問性質，對組織的經營方針或未來方向有決定的建議權與影響力，或若屬中級位階者，應重經驗的傳承與革新。其發展任務爲：

1. 做個稱職的顧問，提供諮詢。
2. 在工作、家庭、與自我之間尋求適當的平衡點。
3. 爲退休做心理準備。
4. 發覺與培養新的興趣與資源。
5. 學習接受新的角色。

6. 放手，退休，傳承。

以上階段的區分是試圖歸納出個人在組織內生涯發展的順序與脈動。

四、職涯發展功能

個人想在組織中獲得工作的滿足與獲得發展，務必將個人的生涯目標與組織中可能的發展機會有效結合，而生涯路徑即是其結果的應用。組織生涯發展的功能如下（金樹人，1992）：

(一)協助高原期的員工避免停滯

高原期可分為以下三個型態：

1. 結構型高原現象：導因於組織內的升遷停滯，係由於金字塔型的結構或層級所造成，組織內愈往上，其發展機會愈少。在大型組織內，卻無法避免。

2. 滿足型高原現象：是種「勝任而不愉快」現象。工作因過分的嫻熟而失去挑戰性，宛如教師「教學而不相長」，深陷枯燥單調，無法突破的沉困之境，長期陷於結構型高原的人，常會連帶的也有滿足型的高原現象。

3. 生活型高原現象：導因於對日常生活周而復始的單調乏味所產生的停滯現象，以致生活中已無可興奮之事，生活成為例行公事，以中年者居多。

(二)提供教育與訓練計畫

提供與個人生涯發展及組織經營發展有關的教育、訓練內容，包括：

1. 督導及管理技術的訓練。

2. 溝通技巧訓練。

3. 新進員工定向輔導。

4. 工作表現評鑑之訓練。

5. 領導才能訓練。

6. 公文文書處理。

7. 人際關係。

8. 時間管理、壓力管理。

9. 僱用與徵才。

教育與訓練目標除了幫助組織內員工在原有的工作上獲得工作效能增進外，尚能增進員工自我成長，解決工作停滯，為高階工作做準備等。

(三)學長制的推廣

學長制（mentoring）係指一種組織內正式或非正式存在的員工的關係，由年長或有經驗的資深者，對資淺者提供資訊、閱歷、肯定、接納、示範、諮商及友誼、情緒上的協助。

(四)生涯進階的建立

生涯進階（career ladders）又稱生涯路徑（career path），係指公開化、透明化的以詳細的圖文資料呈現組織內水平或垂直職位變動的可能性與發展機會，供組織內部員工生涯規劃的參考。生涯進階的三種表現方式如下：

1. 歷史的生涯進階：生涯進階的軌跡是以非正式的方式，亦即指過去在組織內曾經發生過的升遷方式呈現。如由基層的股長擢升至總經理位階。

2. 組織的生涯進階：為人事部門正式公布周知的組織系統圖，各個職位係根據其工作職責予以定位，通常也因職位的重要性，而推估該職位的薪資待遇。

3. 行為的生涯進階：係指一種指引員工能以邏輯而又合理的順序，靠著自我努力而達到升遷位置。行為的生涯進階強調「可能

性」，非「歷史性、結構性」。

(五)實施保健計畫

健康心靈奠基於健康的身體，須把保健工作列入職涯發展計畫中。要項包括：健康資料的提供、衛生保健工作坊與研討會、健康檢查、健康計畫等。在內容方面，涵蓋壓力控制、體重控制、戒煙、減肥、營養、疾病預防、急救措施等。

(六)提供資遣人員的輔導

是對組織內將遭受到淘汰或資遣的員工進行的輔導服務。做法為幫助員工評估專長，設計下一個階段的生涯目標，及學習有效的謀職策略。

(七)協助退休員工適應第二春

協助並輔導退休員工理財、節稅、保險、醫療照顧、居住安排、退休後工作機會等。以減輕退休人員在退休前的焦慮與不安，順利而樂觀的尋找的第二春。

五、職涯發展方案

「十年樹木，百年樹人」，人才的培育與訓練，是組織職責與最好的投資，透過職涯發展方案，重視發展性、階段性、前瞻性、個別性、不但能增進組織蓬勃發展與永續經營，且可使組織員工潛能獲得發揮，使人盡其才，才盡其用。

要有效的培育所需要的人力資源，達到「適才適所適用」的目的，應針對組織與員工發展需要，擬定具體的環境策略，主要項目如下（羅文基，1994）：

(一)招募與任用

新進人員的招募，需經過資格的審核與測驗合格方能任用，測驗包括性向、智力、一般知識與專業知能等；現職人員則實施定期的績效評估。

(二)教育與訓練

教育與訓練課程是促進員工自我成長與發展的最直接途徑，並且可適用於任何階層與職能別。教育與訓練主要分為：

1. 在職訓練：可以藉著工作崗位上的工作教導實施。
2. 職外訓練：實施方式有業界自行辦理的教育與訓練課程、參加專業的研習活動、進入學校單位進修、派赴國外受訓研習等。

教育與訓練課程分為內部與外部訓練兩種：

1. 內部教育與訓練：分為共同課程與專業課程。
2. 外部教育與訓練：可與學術機構、學校等建教合作，或選派員工參與各種公民營機構的訓練。

(三)工作輪調

工作輪調為員工的職位轉換，使其能夠知悉相關工作領域情況，以便於日後彈性用人。工作輪調的方式有部門間的輪調、廠與廠間的輪調、相關企業間的輪調、海外派遣等。主要分為兩種：

1. 定期輪調：係組織有計畫的培育人才方式，規定每隔一段時間後，相關職位必須進行輪調。
2. 不定期輪調：係以組織為出發點，以因應工作的需要而進行的用人策略，常屬不定期方式。

(四)職位接替

職位接替計畫係針對重要的職位，擬定接替計畫。以填補因為升遷、輪調、退休、離職、死亡等而留下的空缺職位。其人選由一級主管與人事

主管參與討論後決定，列出可能的人選及應接受的教育與訓練、工作歷練等，每年定期的評估。一旦職位出缺，由甄試委員會依據所受的教育與訓練、工作考核成績、工作輪調、發展潛能等進行甄選。

職位出缺應藉由公布欄或公告、傳閱的方式發布予所有員工知道，讓所有有資格者申請；職位接替計畫中明列績效與潛能預測情形、可能的升遷職位、必須的相關教育與訓練、工作輪調、工作經歷等，係兼具培養接班人員與工作需求的人才培育方法。

為讓可能的接班人員能縮短工作上適應的時間，平常及刻意的讓接班人選相關的工作歷練。進行職務代理人制度，以讓列為主管接班人的員工晉升時能縮短工作上適應的時間，平常即刻意的讓其接受欲晉升職位的相關工作歷練。

(五)工作豐富化

工作豐富化是員工仍待在原來職位上，所賦予的一種擴大職權範圍的工作歷練方式，包括自身領域內工作的擴展、或工作領域外工作的擴展，以及配合教育與訓練所進行的才能儲備計畫。其目的在增加員工的職權，並給予更大的決策權力。

(六)特殊工作或專案指派

係為培養員工工作歷練的短期性措施，常以委員會或工作小組的方式，賦予員工短期的工作歷練，以培養員工思考、決策、解決問題的能力，任務一旦完成，再返回原部門。

(七)自我發展

除了教育與訓練外，自我的發展可透過研修心得報告、自我發展團體活動、提案改善、創新研究、語文進修、安全衛生、品管知能、生活講座等相關活動激發潛能。

(八)考核升遷

　　組織對員工的考核，可作為升遷、教育與訓練、人才培育、薪資福利等參考：

1. 績效評估：包括工作要項及工作職責的考核。
2. 知識、技能與態度考核：包括專業知識與技能、工作態度、團隊精神、工作品質等。
3. 獎懲記錄：功過記錄等。

　　升遷採取職位等級與職稱並列的方式，可透過升等考試實施，以激勵員工的自我充實。為求公平、客觀的升遷，組織應有職位升遷的基本條件，循序晉升，條件包括工作績效、教育與訓練、能力、品行、人際關係等。

(九)職涯晉升

　　為配合員工的生涯發展，需要有晉升的管道與機會，以作為人力發展與薪資結構的基礎，一般晉升原則如下：

1. 晉升以職位出缺為前提。
2. 營業、外勤及開發專業人員的晉升不受職位出缺的限制，另定特別條件。
3. 職位出缺以內部人員晉升為優先考慮。
4. 職位出缺定期每二個月由人力資源處或經企部以聯絡單或公告方式告知，接受符合條件者申請。
5. 晉升以工作表現、發展潛力為主要考慮因素。
6. 職位分主管職及專業職，職位的晉升考慮員工個人的管理知能或專業知能的發展方向，俾與員工生涯計畫互相結合。
7. 晉升以規定的晉升條件、甄選程序與方式辦理，以符合客觀、公正、合理的個人原則。
8. 職位晉升每次以一職等為原則，若無適當的人員，需越等晉升

時，得以占缺方式晉升，占缺的職等以不超過二個職等爲限。

(十)內部創業

針對組織的業務發展需要，培育具有創業慾望的幹部及員工，由組織協助創業，作爲組織的衛星工廠或協力廠商。

參 考 書 目

臺北市建國高中生涯資訊網（2017）。生涯資訊室。摘自http://fudao.ck.tp.
　　edu.tw/

吳芝儀（2000）。生涯輔導與諮商：理論與實務。嘉義市：濤石。

吳怡靜（1995）。新工作守則。天下雜誌，170期，30-31。

吳靜吉（1997）。青年的四個大夢。臺北市：遠流。

余朝權（1992）。生涯規劃技巧：圓一場人生大夢。臺北市：臺灣英文雜
　　誌。

邱美華、董華欣（1997）。生涯發展與輔導。臺北市：心理。

林幸台（1987）。生計輔導的理論與實施。臺北市：五南。

林邦傑（1986）。田納西自我概念量表指導手冊。臺北市：正昇教育科學
　　社。

金樹人（1989）。生涯發展與輔導。臺北市：天馬。

金樹人（1990）。發展心理學。臺北市：心理。

洪鳳儀（1996）。生涯規劃自己來。臺北市：揚智。

張春興（1991）。現代心理學。臺北市：東華。

張添洲（1994）。峰迴路轉生涯路。臺北市：書泉。

張添洲（1999）。人力資源：組織、管理、發展。臺北市：五南。

張添洲（2005）。生涯發展與規劃。臺北市：五南。

張添洲（2007）。學習規劃與生涯發展。臺北市：五南。

張添洲（2013）。休閒與學習規劃。臺北市：全華。

黃天中（1991）。生涯規劃概論：生涯與生活。臺北市：桂冠。

黃正鵠、黃有志（2005）。從日本教改論生活輔導的重要性。學生輔導，
　　83，21-33。

黃同圳（2009）。改善證照制度，提升臺灣競爭力。內政部職訓局：訓練與研發，5，24-29。

郭靜晃（1998）。人生全程發展。載於郭靜晃主編：社會問題與適應。臺北市：揚智。

陳沁怡（1997）。技職學生自我概念量表之編製。第12屆技職教育研討會論文集，一般技職教育類，297-312。

陳聰勝（1997）。各國職業訓練制度。臺北市：五南。

教育部（2016）。青年發展政策綱領。教育部。

教育部（2015）。十二年國民基本教育實施計畫。教育部。

楊朝祥（1991）。生計輔導——終身的輔導歷程。行政院青輔會。

鄒應媛譯（1992）。Gene W. Dalton、Paul H. Thompsonm原著。生涯規劃的藝術。臺北市：中國生產力出版社。

劉安彥、陳英豪（1997）。青少年心理學。臺北市：三民。

羅文基、朱湘吉、陳如山（1992）。生涯規劃與發展。臺北市：空中大學。

羅文基（1994）。企業員工生涯發展與建教合作之研究。經建會人力規劃處。

蕭錫錡（2009）。從學校觀點談推廣證照的規劃與發展。內政部職訓局：訓練與研發，5，50-57。

蘇秀玉（1988）。臺北都會區中年職業婦女之發展任務及其相關因素之研究。臺灣師大社會教育研究所碩士論文。

Chang, T. T. & Wang. C. C. (1997). Wang. C. C. An Intergrated Strategy for Career Planning Management. Proceedings of the 8th Asian Conference on Vocational and educational Guidance. pp. 265-278. Taipei Chein-Tan Youth Active Center. 12. 27-29.

Dessler, G. (1991). Personal/ Human resources management. Englewood Cliffs, N. Y.: Prentice-Hall.

Erikson, E. (1968). Identity: Youth and crisis. N. Y.: Norton.

Feldam, D. C. (1987). Career stage and life stage: A career development perspective. The 1987 Annual: Developing Human Resources, The Sixteeth Ammual.

Herr, E. L., & Cramer, S. H. (1988). Career guidance and counseling through the life span. Glenview, IL: Scott Foresman and Company.

Holland, John. L. (1997). Making vocational choices: A theory of vocational personalities and work environments. Psychological Assessment Resources Inc.

Robbins, S. P. (1991). Organizational Behavior. McGraw-Hills.

Schein, E. D. (1978). Career dynamics: Matching individual and organizational needs. Reading, M. A.: Addison-Wesley.

Super, D. E. (1957). The psychology of career. N. Y.: Harper & Row.

Super, D. E. (1978). Career education and the meanings of work. Monographs on career education. Washington, D. C.: US Office of Education.

Super, D. E. (1985). New directions in adult vocational and career counseling. ERIC: NO. ED261189.

Super, D. E. (1991). A life-span, life space apporach to career development, In Brown, D., Brooks, L., & Associates (Eds.). Career choice and development. (2nd ed.). San Francisco, Oxford: Jossey-Bass.

Stoner, J. A. (1982). Management. Englewood Cliffs, N. J.: Prentice-Hall.

您，了没？

趕緊加入我們的粉絲專頁喲！

教育人文 & 影視新聞傳播～五南書香

五南圖書 教育／傳播網
https://www.facebook.com/wunan.t8

等你來挖寶

分絲專頁提供——

‧ 書籍出版資訊（包括五南教科書、
知識用書、書泉生活用書等）

‧ 不定時小驚喜(如贈書活動或書籍折
扣等)

‧ 粉絲可詢問書籍事項（訂購書籍或
出版寫作均可）、留言分享心情或
資訊交流

請此處加入
按讚

封面圖
不定期
會更換

國家圖書館出版品預行編目資料

生涯規劃／張添洲編著. -- 初版. -- 臺北
市：五南, 2018.02
　　面；　　公分.

ISBN 978-957-11-9560-5 (平裝)

1.生涯規劃

192.1　　　　　　　　　106025298

1I1R

生涯規劃

編 著 者 ― 張添洲(210)

發 行 人 ― 楊榮川

總 經 理 ― 楊士清

副總編輯 ― 陳念祖

責任編輯 ― 李敏華

封面設計 ― 姚孝慈

出 版 者 ― 五南圖書出版股份有限公司

地　　　址：106台北市大安區和平東路二段339號4樓

電　　　話：(02)2705-5066　　傳　　真：(02)2706-6100

網　　　址：http://www.wunan.com.tw

電子郵件：wunan@wunan.com.tw

劃撥帳號：01068953

戶　　名：五南圖書出版股份有限公司

法律顧問　林勝安律師事務所　林勝安律師

出版日期　2018年2月初版一刷

定　　價　新臺幣260元